现代城市 交通治理丛书

SMART CITY
TRAFFIC
CONGESTION GOVERNANCE

智慧城市
交通拥堵治理

张 莉 许茂增 著

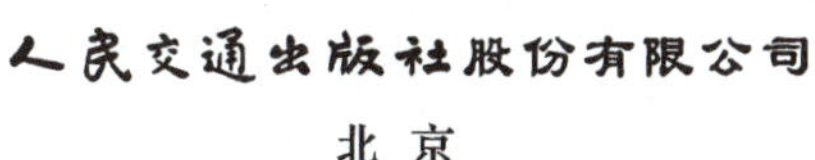
人民交通出版社股份有限公司
北京

内 容 提 要

本书探讨了智慧城市交通拥堵治理的体系，梳理在智慧城市理念框架下城市交通拥堵治理的发展和研究视角演变，内容包含背景介绍、内涵及路径、框架与模式、数据环境、交通状态感知、拥堵治理方法、拥堵治理对减碳及生态的影响等系统问题，也涵盖了部分拥堵治理的具体技术方法。在路段交通状态约束的条件下，探索交通资源的智能分配，以提高交通资源的整体效率。应用堆叠卷积自编码器，对电子地图隐空间特征进行跟踪，认知高峰时段城市路网交通状态演化的规律。

本书适合交通生态、交通规划与管理领域相关研究者及城市交通管理者阅读，也可以供对这些领域感兴趣的读者参考。

图书在版编目(CIP)数据

智慧城市交通拥堵治理/张莉，许茂增著. —北京：人民交通出版社股份有限公司，2023.7

(现代城市交通治理丛书)

ISBN 978-7-114-18481-9

Ⅰ.①智… Ⅱ.①张… ②许… Ⅲ.①智慧城市—城市道路—交通运输管理—研究 Ⅳ.①U491

中国版本图书馆 CIP 数据核字(2022)第 256709 号

现代城市交通治理丛书

Zhihui Chengshi Jiaotong Yongdu Zhili

书　　名：**智慧城市交通拥堵治理**
著 作 者：张　莉　许茂增
责任编辑：李　佳
责任校对：赵媛媛　魏佳宁
责任印制：张　凯
出版发行：人民交通出版社股份有限公司
地　　址：(100011)北京市朝阳区安定门外外馆斜街 3 号
网　　址：http://www.ccpcl.com.cn
销售电话：(010)59757973
总 经 销：人民交通出版社股份有限公司发行部
经　　销：各地新华书店
印　　刷：北京虎彩文化传播有限公司
开　　本：710×1000　1/16
印　　张：10.5
字　　数：171 千
版　　次：2023 年 7 月　第 1 版
印　　次：2023 年 7 月　第 1 次印刷
书　　号：ISBN 978-7-114-18481-9
定　　价：80.00 元

智慧城市的概念提出后，全球范围内的许多城市都开始了智慧城市建设，5G、大数据、物联网、云计算、人工智能等新兴技术在城市建设中得到了广泛应用。技术给城市的运营和管理带来了变革，城市数据的不断积累驱动着城市交通领域研究范式的改变，同时也引发了我们的思考。丰富的城市数据向我们展示了一个立体化、多维度、丰富多彩的城市，尤其是电子实时路况地图，其道路像素色彩的变化体现着道路交通状态的变化，电子地图的多尺度可视化，可以根据需要将研究范围拓展到整个城市，不再局限于传统仿真研究中的一段道路或临近街道。整个城市交通状态的研究为我们深入理解城市路网交通状态的变化带来了机会。在全城拥堵中，是不是存在一些动态规律可以帮助缓解拥堵？是不是可以找到量化和提升城市交通管理效率的方法？这就是我写这本书的初始动力。

智慧城市交通系统运行过程中，积累了多种数据，其中包含地感线圈数据、监控摄像头数据、GPS 数据、车联网通信数据和乘客 IC 卡数据。多种数据构成一个城市交通的多源大数据环境，真实地记录着城市交通系统的运转情况，数据中包含的信息对城市交通运行状态分析和管理非常有价值。在线电子地图运营商从多个角度融合数据，以图片像素色彩表示对应路段的交通状态，在城市地理信息系统的基础上，实现了城市路网交通状态的可视化。随着城市的发展，交通拥堵已成为“大城市病”。城市交通拥堵呈现出复杂特征，对其治理是一项系统工程。区别于传统交通模型分析技术，城市交通大数据应用于全城路网交通状态分析和管理的研究，是一个新的、具有实际意义的领域，可以帮助我们认识城市交通现象、发现深层次问题。研究的基本思路是依据交通大数据独有的特征,寻找合适的方法,得到有意义的信息,获取与城市路网交通状态相关的更多知识,更好地满足居民对城市美好生活的需求。因此,在智慧城市发展背景下,本书通过对数据的分析,得到了整个城市路网交通拥堵的变化特点、路段特征及缓解拥堵的策略,是对传统交通模型理论的有力补充。

本书第一章阐述了智慧城市交通拥堵治理的发展背景,第二章介绍了智慧城市交通拥堵治理的内涵及路径,第三章分析了现代城市交通拥堵管理框架与模式,第四章梳理了城市路网交通治理的数据环境,第五章提出了数据驱动的城市交通状态感知,第六章整理了智慧城市交通拥堵的治理方法,第七章关注智慧城市交通拥堵治理对减碳及生态的影响。书中提及的理论基础以附录的形式附在书后,供读者查阅。

交通拥堵与城市的自然环境和人文环境都有着密切的关系,智慧城市背景下交通拥堵的治理工作无疑是一项庞大而复杂的系统性工程,本书不可能解决这一领域的所有问题,也不可能涵盖所有的解决方法,只是希望能够为对该领域感兴趣的学者提供一点参考。书中第六章提出多个模型,其中涉及的参数变量含义在模型所在小节内统一。

博士五年,感谢重庆交通大学许茂增教授和龚科教授对我的谆谆教诲和悉心指导,让我体会到算法的动人,感受到数据要素的魅力。钻研多年,本人深感自己愚钝,现将自己在城市交通拥堵治理上的一些理解整理成此拙著,如有不当之处,还望各位读者与我联系,展开探讨学习。我将以此作为一个新的起点,沉心研究,用自己的成长回报老师的培养。由于水平有限,本书依然存在诸多不足或错误之处,请读者对我的研究心得持续提出批评和修改建议。

重庆电子工程职业学院
张　莉
2022 年 9 月

目录
CONTENTS

第一章

CHAPTER 1

智慧城市交通拥堵治理的发展背景

第一节　智慧城市的发展及其特点

伴随着城镇化的持续深入推进，城市范围在不断扩大，越来越多的人口往城市聚集，人们的社会活动逐步增多，城市经济水平和产业结构也在不断发生变化。同时，城市逐渐进入高质量发展，现代化水平不断提高，交通成为制约城市发展的薄弱环节。在城市内部，空间资源有限，交通基础设施的建设投资大且周期长，城市交通的供给能力难以与其需求变化速度匹配，供需矛盾的不断演变使得拥堵成为全球各城市亟待解决的问题。

2019 年 9 月，中共中央、国务院印发《交通强国建设纲要》（以下简称《纲要》），指出“建设交通强国是以习近平同志为核心的党中央立足国情、着眼全局、面向未来作出的重大战略决策，是建设现代化经济体系的先行领域，是全面建成社会主义现代化强国的重要支撑，是新时代做好交通工作的总抓手”。《纲要》的指导思想强调，要“牢牢把握交通‘先行官’定位，适度超前，进一步解放思想、开拓进取，推动交通发展由追求速度规模向更加注重质量效益转变”。《纲要》的发展目标中提到，“到 2035 年，基本建成交通强国”，“智能、平安、绿色、共享交通发展水平明显提高，城市交通拥堵基本缓解”，“构建安全、便捷、高效、绿色、经济的现代化综合交通体系”。《纲要》指出要“加强城市交通拥堵综合治理，优先发展城市公共交通，鼓励引导绿色公交出行，合理引导个体机动化出行”，在交通建设中，要“大力发展智慧交通。推动大数据、互联网、人工智能、区块链、超级计算等新技术与交通行业深度融合”。

智慧城市是在经济、资本、政府管理、交通、自然环境和居民生活质量等六方面表现良好的城市，其核心三要素是技术、人和政府治理。智慧城市发展中期的主要建设任务是实现各类信息技术与民生服务、产业发展和各特定行业相结合，完成各行业、各部门的信息化基础设施建设。城市高速发展，人口迅速集聚，交通拥堵给城市管理带来日益严峻的挑战。在城市交通基础设施不断完善的基础条件下，融合大数据和人工智能技术，实现智能决策，有助于推动智慧城市建设从数字化阶段向智能化阶段转型。由此可见，交通拥堵的治理研究具有重要的理论和现实意义。

自从 2008 年 IBM 公司提出智慧城市概念以来，我国在智慧城市建设方面进行了深入的探索和实践,从整体上看,可以分为以下三个阶段。

第一阶段是2008年至2011年。在这一阶段,智慧城市的概念被提出,但是政府并没有出台相关政策。这一阶段重视信息基础设施建设和电子政务的建设,智慧城市离不开信息基础设施建设,而电子政务的发展必然会拉动社会信息化的发展。直到2011年12月30日,国务院印发的《国务院关于印发工业转型升级规划(2011—2015年)的通知》(国发〔2011〕47号)的"专栏15:物联网研发、产业化和应用示范"中明确提出要"推进物联网在先进制造、现代物流、食品安全、数字医疗、环保监测、安全生产、安全反恐(周界防护)、智慧城市以及交通、水利、电网等基础设施中的应用"。可见在这一阶段,智慧城市这一概念初步形成,但人们尚在探索智慧城市的建设路径。

第二阶段是2012年至2016年。在这一阶段,智慧城市建设被纳入国家战略,发展规划和示范试点的相关文件陆续出台,部署商务、交通、教育等各领域的信息化发展。自2012年起,我国先后开展了三批智慧城市试点,已经有超过500个城市提出或参与到智慧城市建设中。2012年11月22日,住房城乡建设部发布了《住房城乡建设部办公厅关于开展国家智慧城市试点工作的通知》(建办科〔2012〕42号,以下简称《通知》)。《通知》中明确智慧城市的定位,即"智慧城市是通过综合运用现代科学技术、整合信息资源、统筹业务应用系统,加强城市规划、建设和管理的新模式"。《通知》附件《国家智慧城市(区、镇)试点指标体系(试行)》中给出四个一级指标,其中"智慧管理与服务"就是一个一级指标,而"智能交通"是专项应用中的一个三级指标,指城市整体交通智慧化的建设及运行情况,包含公共交通建设、交通事故处理、电子地图应用、城市道路传感器建设和交通诱导信息应用等方面情况。2013年1月28日,《住房城乡建设部办公厅关于做好国家智慧城市试点工作的通知》(建办科〔2013〕5号)确定北京东城区等90个城市(区、镇)为创建国家智慧城市第一批试点,并明确"智慧城市建设是推动集约、智能、绿色、低碳的新型城镇化发展,拉动内需,带动产业转型升级的重要途径"。2014年,经国务院同意,成立了由国家发改委牵头的"促进智慧城市健康发展部际协调工作组",开始协同指导智慧城市建设,完善城市配套保障措施。2014年8月,国家发改委、工信部、科技部、公安部、财政部、国土资源部、住建部、交通运输部八部委印发了《关于促进智慧城市健康发展的指导意见》(发改高技〔2014〕1770号),指出"智慧城市是运用物联网、云计

算、大数据、空间地理信息集成等新一代信息技术，促进城市规划、建设、管理和服务智慧化的新理念和新模式”。2016 年 9 月 25 日，国务院印发的《国务院关于加快推进“互联网 + 政务服务”工作的指导意见》（国发〔2016〕55 号）提及了“新型智慧城市”建设，要汇聚城市人口、建筑、街道、管网、环境、交通等数据信息，建立大数据辅助决策的城市治理新方式。同年，新型智慧城市的评价工作在《关于组织开展新型智慧城市评价工作务实推动新型智慧城市健康快速发展的通知》（发改办高技〔2016〕2476 号）中得到高度重视。在这一阶段，政府已经明确了智慧城市的内涵、建设路径和评价方法，构造了新型智慧城市的基本体系，点明了与智慧城市建设相关的新技术。

第三阶段是 2017 年以后。2017 年，工信部办公厅发布《工业和信息化部办公厅关于全面推进移动物联网（NB-IoT）建设发展的通知》（工信厅通信函〔2017〕351 号），推广 NB-IoT 在公共服务领域的应用，推进智慧城市建设。党的十九大报告首次提出“智慧社会”理念，此后“新型智慧城市”“智能城市”等概念相继提出，使得智慧城市的发展进一步深化。在《扩大和升级信息消费三年行动计划（2018—2020 年）》中，又指出推进新型智慧城市建设是信息技术服务能力提升行动的一部分，2021 年发布的《国家综合立体交通网规划纲要》中提出推动智能网联汽车与智慧城市协同发展，建设城市道路、建筑、公共设施融合感知体系，打造基于城市信息模型平台、集城市动态静态数据于一体的智慧出行平台。2021 年中共中央办公厅、国务院办公厅印发《关于推动城乡建设绿色发展的意见》，在“创新工作方法的第四条推动城市智慧化建设”中，提出了要“建立完善智慧城市建设标准和政策法规，加快推进信息技术与城市建设技术、业务、数据融合”，“搭建城市运行管理服务平台，加强对市政基础设施、城市环境、城市交通、城市防灾的智慧化管理”。在“十四五”到来之际，《工业和信息化部关于印发“十四五”软件和信息技术服务业发展规划的通知》（工信部规〔2021〕180 号）中将“智慧城市”作为一个典型的行业领域，是培育“软件定义”创新应用生态的一部分，提出要持续征集并推广智慧城市典型解决方案。2021 年 12 月 12 日，《国务院关于印发“十四五”数字经济发展规划的通知》（国发〔2021〕29 号）中有五处提及“智慧城市”，在优化升级数字基础设施部分，将智慧城市作为重点新兴领域，要为其提供体系化的人工智能服务。新型智慧城市建设需要提升城市数据运营和开发利用水平，推动城市数据整合共享和业务协同,提升城市综合管理服务能力。综上可知,2017 年后,智慧城市的理念逐步落地,融入城市交通、建筑等的标准化、法规化管理建设中。

智慧城市在我国经历了三个阶段的发展,逐步形成自己的框架,信息技术是其支撑,城市数据是其管理服务能力提升的基础。随着物联网技术的发展,城市形象在多维数据感知的支撑下,更加立体化、清晰化,这些多维数据给城市交通拥堵的治理提供了丰富的资源。

第二节 城市交通拥堵的现状和影响

交通拥堵是一个全球性的问题,受到经济、人口、交通基础设施和汽车行业发展的影响。由拥堵带来的能源消耗、环境恶化、事故频发、资源浪费、机会成本提高等问题已经成为全球性的关注,亟待提出有效的治理模式。从城市交通分析报告看,我国城市面临着日益严峻的交通拥堵问题。高德地图在 2019 年发布的《中国城市交通分析报告》中指出,我国城市的交通拥堵在逐年加重,尤其是大城市。报告中提到,2016 年,全国有 32% 的城市交通拥堵在加剧。聚焦 45 个主要城市,有 82% 的城市交通拥堵在加剧。其中,大城市及超大城市的拥堵越发严重,交通健康指数普遍较低。2019 年,重庆、哈尔滨两个城市的排名均超越了北京,而排名前十的城市全都属于大城市或超大城市范畴。表 1-1 是在高德地图发布的《2019Q2 中国主要城市交通分析报告》中排名前十的拥堵城市名单及高峰行程延迟指数。

2019 年排名前十的拥堵城市名单及高峰行程延迟指数 表 1-1

排名	城市名	高峰行程延迟指数	排名	城市名	高峰行程延迟指数
1	重庆	1.964	6	大连	1.819
2	哈尔滨	1.916	7	济南	1.802
3	北京	1.909	8	沈阳	1.800
4	长春	1.848	9	兰州	1.795
5	呼和浩特	1.827	10	西宁	1.794

交通拥堵给城市带来了多方面的负面影响。交通拥堵降低了城市社会经济运行效率,给国内外城市造成了巨大的经济损失。拥堵增加了城市居民的出

行时间,增加了各企业(尤其是物流企业)的运营成本,也增加了交通事故的数量,从而降低了城市社会经济运行效率,影响了我国汽车及旅游等交通相关产业经济的发展。2005年9月,广州市社会科学情报所统计,交通拥堵导致广州人每年耗费1.5亿h,减少生产总值117亿元。根据国家发展研究院2014年研究结果,交通拥堵给北京带来的损失达700亿元。据百度地图发布的《2017年中国城市报告研究》可知,因交通拥堵额外耗费的人均经济成本,北京平均每月334.44元,而重庆和上海分别为238.05元和229.48元。交通运输部2018年发布的数据显示,交通拥堵带来的经济损失,相当于GDP整体下滑5%~8%,其中15个城市的居民每天总的通勤时间要比欧洲国家多28.8亿min。

交通拥堵会给城市经济带来负面影响。旅游产业是我国经济发展的重要支柱产业,是地区经济发展的重要动力。旅游经济的发展会带动城市第三产业的极大发展,比如餐饮、住宿等服务业。经研究发现,城市交通拥堵会影响城市旅行游客的出行费用、旅行时间及距离,其中对旅行时间和距离的负面影响最大。对物流服务企业的运营来说,拥堵可能引起送达延迟和雇佣货车驾驶员的附加成本。假日期间,拥堵呈现不同的模式,会受到相关交通政策的影响。通过对从住所到著名度假胜地之间的交通状况进行研究,发现在假期的开始和结束的时候,拥堵尤为严重,而高速公路通行免费政策会加剧这样的拥堵。

交通拥堵会加重城市的环境污染问题。拥堵常常伴随城市出行的延误和污染物的高排放。遇到交通拥堵,车辆会持续低速行驶,进行频繁的加速和减速,造成车辆耗油量和污染物排放数量的增加。这样的驾驶体验,不仅给驾驶人增加了体能和心理上的负担,也加剧了空气污染和全球变暖等问题,恶化了人们生活的环境。美国发布的《1991年国家空气质量及排放物趋势报告》中指出,交通是造成空气质量问题的主要因素之一,尤其在城市区域。2016年,在欧盟和美国的报告中提及,道路交通拥堵引发的温室气体排放分别占整体排放的73%和83%。自2014年起,全球交通行为引起的温室气体排放量就在每天增长。2018年,全球二氧化碳年排放量超出1990年水平的29%。为了城市的可持续发展,交通拥堵的治理迫在眉睫。

交通拥堵会降低交通服务水平。2016年高德地图发布的《中国城市交通分析报告》中,根据其定义的指标——延时指数(即实际出行时间与自由流出行时间的比值)可知,由于受到交通高峰期的影响,全国有三分之一的城市交通服务水平显著降低,在分析报告涉及的时期内,有32个城市的延时指数超过1.8。交通拥堵还会改变出行者的出行方式。综上可知,交通拥堵制约着城市经济和环境的发展,相关部门的工作人员若能深入了解拥堵的成因,掌握其时空规律,就可以通过实施一些有效的管控措施,减少交通拥堵给城市发展带来的负面效应。在城市交通拥堵中,常发性交通拥堵的治理是交通管理的主要着力点,常发性拥堵与城市人口的通勤行为密切相关,通常具有明显的空间集中性和时间周期性,值得深入研究。现有的研究已结合多种数据,实现了对城市路段交通状态的识别。在此基础上,探究交通状态的动态规律,有助于提高交通状态预警的准确度,提高交通前置管理能力,提升交通管理的系统性和科学性,进而提高城市交通管理水平。

第三节　城市交通拥堵治理的发展

城市交通拥堵治理离不开对拥堵形成机理的理解。城市交通拥堵受多社会因素影响,是城市发展的派生物。刚形成的城市,其中心只是一个小区域。随着城市经济的发展,社会服务能力加强,就业机会增多,越来越多的人口涌入城市。为了工作生活的便利性,很多城市居民选择在市中心居住。于是,城市中心的住宅密度迅速提高,降低了居民的生活舒适度。随着交通基础设施建设和交通工具的发展,城市中心开始向外扩,逐渐改变着城市的布局和规划,多中心城市的分布替代单中心城市布局。多中心城市的城市交通运行特点和人口流动特点与单中心城市的特点既有区别又有联系。但是,城市中的人口、交通工具及基础设施、城市布局和规划彼此影响,形成复杂系统,不断改变着城市交通拥堵的特点。城市交通拥堵形成因素如图1-1所示。

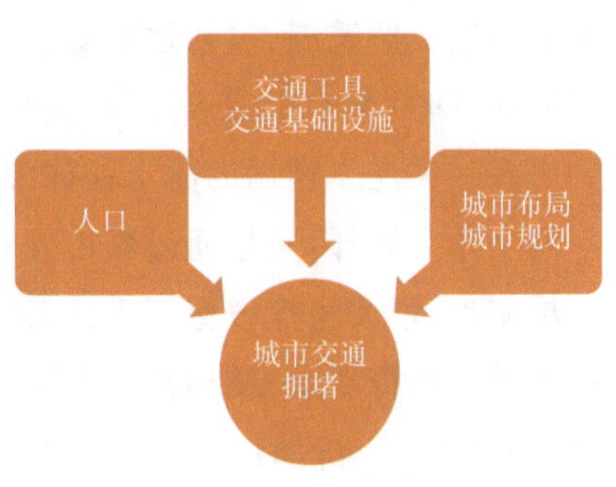

图1-1　城市交通拥堵形成因素

在城市发展历史上,城市交通拥堵治理整体经历了四个阶段,如图1-2所示。

第一阶段,20世纪60年代以前,主要是通过增加交通基础设施的供给,即

增加供给模式来缓解交通拥堵。20 世纪 20 年代随着福特汽车的大量生产，汽车变得平民化，20 世纪 50 年代，欧洲开始了广泛拥有私家车的时代。这一时期，城市交通的建设管理工作就是加强交通基础设施建设，提高整个路网的交通容量。但是当斯定律已经说明，单单依赖增加交通基础设施，往往新路会再次出现拥堵。因为新建的道路设施会诱发新的交通量，交通需求总是倾向于超过交通供给。该模式不主张单纯地增加道路来解决拥堵问题，指出了城市交通规划管理不合理，城市交通结构调整和交通管理方式滞后，导致道路资源的低效利用甚至是错误使用，从而导致了严重的交通拥堵。该模式主要强调城市交通的合理规划以及交通管理与智能交通的有效提供和使用，其核心思想就是对稀有的道路和土地资源合理配置和充分使用。

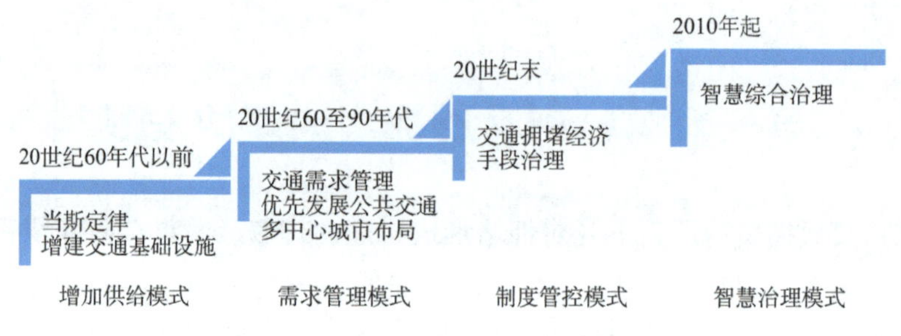

图 1-2　城市交通拥堵治理发展阶段

第二阶段，即 20 世纪 60 至 90 年代，城市交通拥堵的治理主要是交通需求管理模式。整体来看，管理交通需求需要深入了解交通需求的发生源，对其进行控制和引导。根据运输对象的不同，交通需求可以分为客运和货运两种。为了城市经济的发展，货物运输在货物量上不能减少，可以通过管理货车的使用来完成，如货车的车型、运输路径和时间等。在城市中，客运需求的管理需要得到更多的关注。客运的需求往往源于城市居民通勤和生活所需，其管理可从以下两个角度展开：一是通过城市规划布局，完善职住均衡，在中心城市周边布局卫星城市，增大医疗教育等生活必需设施的供给，从而减少居民出行需求；二是对必需的出行需求，调整出行分布，引导其采用性价比高的交通工具出行。20 世纪 60 年代，新加坡最早采用交通需求管理（Transportation Demand Management，TDM）策略。20 世纪 70 年代至 80 年代，TDM 与交通系统管理逐渐成为交通管理的两大重要组成部分。交通需求管理模式是针对交通的发生源进行管理、控制和引导，削减城市交通总需求，分解、转移相对集中的交通需求，调整出行分布，以保证城市交通系统的有效运行，缓解交通拥堵，其核心思想就是通过诱导人们选择公共交通出行方式来缓解城市交通拥堵的矛盾，也就是说该模式主要是倡导公共交通，控制和引导小汽车的使用，以提高城市交通运行效率。

第三阶段，20 世纪末，出现了制度管控模式。通过制定各种制度，如制定分区域、分时段的停车收费制度，车辆尾号限行，限制车牌数量等政策，对小汽车的拥有和使用进行治理。基于经济学观念，对违反制度规定的行为给予惩罚，从而使得小汽车驾驶人自觉遵守规则，进而缓解交通拥堵。从经济学角度看，政策分为基于激励的非价格管理政策和价格管理政策，非价格管理政策包括改善公交、机动车限行、摇号购车、提供交通信息等；价格政策包括拥堵费、停车费、燃油税、私车额度拍卖、车辆购置税政策等。从转换出行模式的角度看，政策可以分为拉力政策和推力政策。拉力政策指改善公交和提供交通信息政策等，促使居民选择公交出行；推力政策则包括拥堵费、停车费、机动车限行、摇号购车政策等。

第四阶段，2008 年，“智慧城市”理念被提出，2010 年起，部分城市开启了智慧治理模式。在这一阶段，交通信息化系统经历了数字化转型，借助人工智能、通信技术和大数据等新兴技术，通过智能交通系统对交通流量、车行轨迹等进行分析，找出城市交通变化规律，城市交通管理部门根据这些规律采取疏导分散管控措施，制定有效缓解交通拥堵的政策。欧、美、日等发达国家或地区期望通过高科技手段疏导城市交通，均衡道路的交通负载，减轻局部的拥堵程度，提高整个路网的运行效率。在美国、欧洲和日本，智慧交通已不仅仅局限于缓解交通拥堵、处理交通事故、减少交通污染等直接性问题，而是进一步成为解决能源短缺问题、发展新兴产业、提升国家安全水平、增强国际竞争力的重要战略性步骤。美国重视整体规划，在智慧交通方面的投资也相当可观。在 20 世纪 70 年代，日本开始尝试发展智能交通。1973 年到 1978 年，日本组织“动态路径诱导系统”实验；经过 20 世纪 80 年代中期到 90 年代中期的 10 年时间，相继完成了路车间通信系统、交通信息通信系统、区域旅行信息系统、超智能车辆系统、安全车辆系统及新交通管理系统等方面的研究。

城市的拥堵促使其不断扩展空间，多中心和超大城市逐步形成。2020 年 3 月 31 日，习近平总书记在考察杭州时明确指出：“让城市更聪明一些、更智慧一

些，是推动城市治理体系和治理能力现代化的必由之路，前景广阔。”[1]在城市治理数字化转型过程中，运用新兴信息技术赋能超大城市治理，探索一条符合超大城市特点和规律的新路已经成为学术界必须回答的一个时代命题。2021 年，《中华人民共和国国民经济和社会发展第十四个五年规划和 2035 年远景目标纲要》中提出，要“全面提升城市品质”“推进新型城市建设”“提升城市智慧化水平”。2021 年 12 月，交通运输部印发《数字交通“十四五”发展规划》，提出要“增强国家综合交通大数据中心统筹服务功能”“完善智能协同应用”“推进公路基础设施全要素全周期数字化”“缓解交通拥堵”。2022 年 10 月，中国共产党第二十次全国代表大会报告强调，要加快建设交通强国、数字中国。2023 年 2 月，中共中央、国务院印发《数字中国建设整体布局规划》，指出“建设数字中国是数字时代推进中国式现代化的重要引擎，是构筑国家竞争新优势的有力支撑。加快数字中国建设，对全面建设社会主义现代化国家、全面推进中华民族伟大复兴具有重要意义和深远影响。”逾越大数据交通治理面临的挑战和难题，积极推进交通治理体系和治理现代化建设，是数字时代实现交通强国战略的重大使命。

---

[1] 参见《习近平在浙江考察时强调：统筹推进疫情防控和经济社会发展工作　奋力实现今年经济社会发展目标任务》，《人民日报》，2020 年 04 月 02 日 01 版。

第二章

CHAPTER 2

智慧城市交通拥堵治理的内涵及路径

第一节　智慧城市交通拥堵治理的内涵

2008 年，国际商业机器公司（International Business Machines Corporation，IBM）董事长彭明盛的主题报告“智慧的地球：下一代领导人议程”中，首次提出“智慧地球”的概念，认为随着信息技术和智能技术的发展，人类进入新时代，世界紧密相连，地球会越来越智能化。智慧地球，意味着将智能技术应用到生活的各个方面，使得人们安居乐业。城市是人口集中的地区，基于智慧地球的理念，2010 年，IBM 正式提出了“智慧的城市”愿景。21 世纪，城市发展已经出现了交通拥堵、环境污染等问题，而计算机、通信技术的飞速发展造就了一些中心城市的就业优势，使得人口进一步向城市集中。“智慧城市”理念，也就是借助科技力量提升城市既有资源效率，促进城市经济和文化的健康发展。

“智慧”进一步与交通领域结合，“智慧交通”一词应运而生。《现代汉语词典》中，“智慧”一词的解释是：辨析判断、发明创造的能力。“智慧交通”即要在交通管理决策中能够辨析判断、发明创造。城市交通拥堵是城市治理的顽疾，将技术应用于城市交通拥堵的缓解是智慧交通的重要体现之一。

“智慧治理”的概念产生于 20 世纪末，它是随着互联网和人工智能技术的迅速发展而兴起的政府治理模式创新，其创新点在于提出了一种综合治理思路，即用技术引导政府治理。智慧治理不仅在信息技术层面，而是要将技术集成到社会治理的过程中去。

在智慧城市交通拥堵治理中，智慧城市是治理的背景，交通拥堵是治理的对象，而治理是根本任务。“治理”一词最早是世界银行在一次报告中提出。“治理”不同于管理的特点在于，治理弱化了政府在社会管理中的中心权威地位，强化其他社会主体的地位，是一种全新的、突破旧秩序的管理过程，而且社会互动使得社会民主的概念逐渐深入城市治理的各个环节。治理理论的开创者罗西瑙认为，治理是一种复杂的机制，具有管理的作用，在特定领域起着至关重要的作用。全球治理委员会认为，治理是个人与公私机构管理其自身事务的各种不同方式之总和，是使相互冲突或不同利益得以调和并且采取联合行动的持续的过程。交通拥堵治理就是一种公共资源的治理。在智慧城市背景下，城市因物联网等设施变得互联互通，交通拥堵时空信息在相关部门间共享，人们可以运用各种智能技术找到减缓拥堵的路径。这也正符合公共治理模式变革的一般演化路径，即：技术（工具）发展→社会分工越来越复杂→社会复杂性增加→治理超载严重（知识和能力弥散化）→新技术的应用→新的治理理念。可见，所谓的智能治理正是公共治理与现代信息技术革命进行的一次深度融合。而在智能时代的智能治理，不是单单应用技术，而是应该关注有效的治理过程和通过技术的创新应用提升城市的公共服务能力，即要关注过程和结果。智慧城市交通拥堵治理，是基于信息技术、通信技术、控制技术和传感器等先进的智能监控技术和智能数字决策技术提出的，基于这些技术手段可以有效地集成城市交通、气候、通勤等多维数据，对交通需求、拥堵情况、事故情况等进行预测与分析，从而更好地协调交通系统的供给和应急事件处理，使城市交通运行效率提升。智慧城市交通拥堵治理可以说是大数据、人工智能等技术在新时代城市交通拥堵治理领域引起的变革。

第二节　智慧城市交通拥堵治理的实现路径

2022 年 1 月，《国务院关于印发“十四五”现代综合交通运输体系发展规划的通知》（国发〔2021〕27 号）提出，要注重新科技深度赋能应用，提升交通运输数字化智能化发展水平；到 2025 年，综合交通运输基本实现一体化融合发展，智能化、绿色化取得实质性突破；第五代移动通信（5G）、物联网、大数据、云计算、人工智能等技术与交通运输深度融合，交通运输领域新型基础设施建设取得重要进展，交通基础设施数字化率显著提高，数据开放共享和平台整合优化取得实质性突破。

交通拥堵治理往往存在着治理信息化水平低、交通管理机制不健全、交通规划与城市规划不协调以及交通智能化执法水平较低等问题。智慧城市交通拥堵治理涉及政府多部门之间的协作关系、多资源的应用，通过各级政府发文，可以从政策角度出发，鼓励各地区从基础设施建设、数据共享与运用、智能技术发展等多角度协调展开智慧拥堵治理。

城市交通是一个复杂的系统，交通拥堵与道路拓扑结构和城市交通管理策略有关，治理交通拥堵就需要认识交通流特性，即理解各种交通数据，结合道路

拓扑结构，对交通行为进行管理。在道路改造空间受限的情况下，交通拥堵治理办法主要通过调控手段控制交通需求：一是控制交通总量，如限购、限行、拥堵收费等，其目的在于减少道路上的行车总量，缓解交通拥堵压力；二是交通管控，旨在通过有效的交通技术应用加强对道路车辆的管理和控制，均衡车辆在道路上的时间、空间分布，从而达到缓解交通拥堵的目的，如潮汐车道、错峰出行、车速控制等。随着智慧城市的理念与城市各方面发展融合，城市数据逐步丰富且时效性增强，交通拥堵治理这一过程逐步向实时智能化方向发展。常见的治理路径如图 2-1 所示。制定城市交通拥堵治理策略通常会从城市交通规划和交通组织方法两个角度来考虑。城市交通规划是对城市交通在未来一段时间内做出总体性和方针性的研究和安排，需要与城市总体经济社会发展规划相适应。城市交通组织有多种形式，从不同视角可以分为宏观交通组织、区域交通组织、静态交通组织和动态交通组织等。最终，交通治理会以一定的政策制度来体现，如高峰时段公交优先、实行错峰上下班制度、收取交通拥堵费和实施车辆限行政策等。这些制度在短期内可以对时空路网的交通拥堵缓解起到积极的作用，但是不能从根本上解决城市拥堵问题。城市的智慧化建设实现了多维、实时交通数据的采集和应用，在现代交通管控措施中，动态交通组织越来越受到交通管理部门的重视，例如通过对实时路况数据的分析，实施车辆引导策略和动态分配策略。基于交通流的动态随机性特点，国内外专家进行了大量关于动态交通分配技术和城市交通流诱导技术的研究，其中不乏机器学习和深度学习算法在其中的应用。

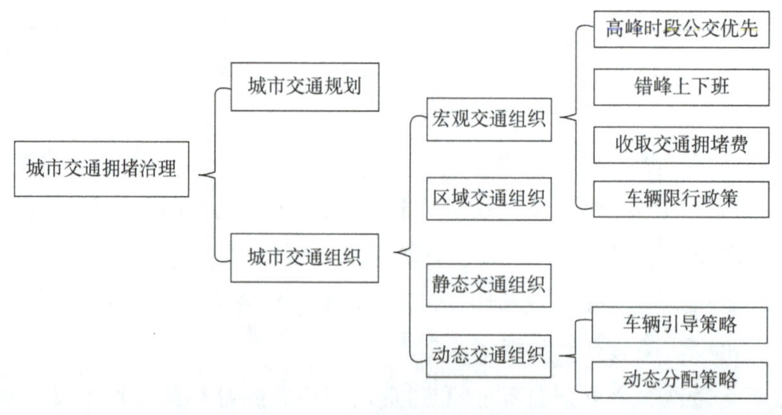

图 2-1　交通拥堵治理的路径整理

交通是兴国之要、强国之基。信息系统和基础设施建设在各级政府发文中多次被提及。2019 年,中共中央、国务院印发《交通强国建设纲要》,将“城市交通拥堵缓解”设定为到 2035 年城市交通发展目标之一,并指出要“大力发展智慧交通。推动大数据、互联网、人工智能、区块链、超级计算等新技术与交通行业深度融合。推进数据资源赋能交通发展。”《2020 年政府工作报告》将“两新一重”作为下一阶段的重点任务,新型基础设施建设就是“两新”之一。交通运输是新型基础设施与传统基础设施融合发展的重要领域,而智慧交通是交通运输行业发展的主要方向之一,在交通数据的支撑下,交通拥堵治理的理论也得到了拓展。2020 年 8 月,交通运输部印发《关于推动交通运输领域新型基础设施建设的指导意见》,提出“以技术创新为驱动,以数字化、网络化、智能化为主线,以促进交通运输提效能、扩功能、增动能为导向,推动交通基础设施数字转型、智能升级,建设便捷顺畅、经济高效、绿色集约、智能先进、安全可靠的交通运输领域新型基础设施”。2021 年,交通运输部印发《交通运输领域新型基础设施建设行动方案(2021—2025 年)》(交规划发〔2021〕82 号),主要任务中,明确要“提升公路智能化管理水平”“深化大数据应用”,实现“实时交通诱导和路网协同调度等功能”。《2018 年北京市缓解交通拥堵行动计划》(京政办发〔2018〕8 号)提出,在信息系统建设方面,要“推进市交通运输数据资源交换共享与应用平台、市驾驶培训监督服务平台建设,开展北京新机场高速公路‘智慧高速’关键技术研究与示范应用”;在基础设施建设方面,要“继续实施中心城区和城市副中心主干道信号灯绿波工程,进一步提升路口通行效率”。2022 年 4 月,《2022 年北京市交通综合治理行动计划》(京交综治发〔2022〕2 号)中指出要“加快实现交通发展由追求速度规模向更加注重质量效益转变”“加快构建综合、绿色、安全、智能的立体化现代化城市交通系统”,要“推进智慧交通基础建设”和“加强智慧交通大脑建设”。

我国学者对城市交通拥堵治理的研究晚于国外。20 世纪 90 年代起,我国大城市开始相继出现交通拥堵现象,越来越多的学者探索适合我国国情的城市交通拥堵治理模式。这一阶段的城市交通拥堵治理主要涉及三个方向:①利用政策和经济杠杆手段来调控交通需求;②发展智能交通系统,探索智慧交通;③树立居民绿色出行理念。20 世纪 90 年代中后期,国内学者开始从城市空间结构的角度探索解决我国城市交通拥堵的新模式、新方法。

整体来看,智慧城市交通拥堵治理通常有几个研究方向:

(1)交通流管理。以美国学者 Muller 为主要代表的多中心城市空间理论(又称大都市空间结构理论),在城市交通拥堵治理中也产生了巨大的影响。该理论主要是以空间布局为基础来看待城市交通负荷情况,认为和单中心城市相比,多中心城市更能平衡交通流。对交通路段交通流进行实时管控,以及对突发交通拥堵及时反应,迅速出击是解决城市交通拥堵的两个基本方法,国内外学者对此进行了广泛的分析。城市交通堵塞疏导主要有四大理论:交通总量削减原理、交通量均分原理、交通连续原理和交通分离原理。1993 年,赛博空间地理学由地理学家 Batty 提出,赛博空间地理学理论主张提高无形传输的效率,减少不必要的有形位移,从而改变出行需求,减少路面交通量。

(2)交通规划优化。在 20 世纪 90 年代的西方新城市主义思想中,前瞻性地将交通规划纳入城市规划体系,尤其注重公共交通体系,鼓励公共交通事业发展,并主张以公共交通的节点作为重要的集散中心重点发展。在城市规划中将土地利用、交通结构、路网承载能力、交通需求等有机结合,共同考虑,提高现有土地资源和交通资源的使用效率,试图寻得解决城市交通拥堵的方法。魏后凯提出应重视轨道交通发展,扩大轨道交通承载量,合理分配产业布局,发展多中心城市,在城市发展规划中重点考虑机动性和可操作性。王炜主张在考虑交通发展的同时,兼顾交通与环境、资源的和谐发展,他以城市交通拥堵溢出为切入点研究城市交通拥堵问题,提出在信息社会中应综合利用先进的交通需求预测技术、交通系统能源消耗分析技术以及交通系统环境影响评价技术建立可持续发展的城市交通规划理论体系。两院院士周干峙指出,要与城市发展规划和管理结合起来考虑交通拥堵治理。

(3)智能交通系统。全永燊从交通系统的视角,剖析城市交通系统内部运行机制和外部制约因素,他认为城市交通系统是由基本要素和载体子系统两部分组成的,而城市交通系统是自适应机制完善、协同高效可控的系统。在这个系统中,居民在公共交通和私家车之间的选择,取决于公共交通体系运营的效率、舒适度及城市管理政策等因素。可以在通过政策引导居民选择公共交通的同时,借助智能技术,预测公共交通到站时间、优化公共交通站点选址,提升公共交通体系的运营效率。

(4)交通政策优化。为了减缓交通拥堵,相关部门出台了多种政策,如调整上下班时间以错开高峰期、收取拥堵费、实现交通分流、精简公务用车等。虽然实行尾号限行、收取停车费和拥堵费等政策能够对缓解城市交通拥堵问题起到一定作用，但是治标不治本，不能从根本上解决交通拥堵治理问题。对于收取交通拥堵费，国内专家徐建闽认为其收益远大于损害，从欧美等国家或地区的经验来看，收取交通拥堵费使得私家车车主自动自发调节上下班高峰期交通流量，有着积极作用，且收取的费用可以应用到新的交通基础设施建设中。

大数据技术在城市交通监管中的应用，促进了城市交通信息的跨域共享，对城市公共交通智能化改革有重要的影响。与传统治理手段相比，大数据能够系统地、连续地观察交通对象，更深入地认知交通变化特点，给交通变革带来了契机。但是交通大数据采集的准确率问题、平台的聚合力问题、数据的安全性问题和存取方式问题依然制约着城市交通变革的进程。因此，城市交通智慧治理需要多元治理主体协同参与、多样治理技术同步应用、多种治理机制流程再造。国内外的研究表明，在城市交通方面，大数据不仅可以对城市内的人口变动进行系统化监测，为城市规划与道路建设提供数据支撑，为交通安全事故处理提供有效证据，还能减少交通违规违法行为、缓解城市交通拥堵、维护城市交通安全。

第三章

CHAPTER 3

现代城市交通拥堵管理框架与模式

第一节 现代城市交通管理框架

大城市交通拥堵成为制约城市发展的因素，降低了城市居民的生活幸福感。20 世纪 80 年代以来，交通拥堵成为国内外大中型城市决策部门面临的制约城市发展的主要问题之一。大城市经济发展迅速，人口聚集，社会服务基础设施全面，居民对出行的便捷性和舒适性有了更高的要求，从而使得私家车拥有数量迅速增加，给交通设施带来了巨大压力。由于城市土地资源有限，在多方面均衡后，城市交通道路建设受到约束，交通供需矛盾越来越明显，大城市居民的幸福感随着出行时间的加长而降低。如何通过智能方法，提高现有交通资源使用效率，缓减拥堵，成为城市建设发展的重要命题。

学者们从多个方面研究了缓解交通拥堵的方式方法。考虑到城市道路结构，十字路口是重点关注对象之一。一个城市有成千上万个路口，哪些路口是需要重点关注的？冯慧芳等基于有向加权复杂网络，构建城市交通网络关键节点识别模型，找到需要重点控制的交叉路口，对其加强交通疏导管控，从而减缓这些交叉路口的拥堵。道路侧边停车也是可能引起拥堵的原因，Cao 等探讨了车辆停车状态变迁与交通拥堵之间的相互作用。交通突发事件也是引起交通拥堵的一个重要因素，面向交通事件的城市道路拥堵疏导策略也是缓解交通拥堵的重要研究方向。另有研究证明，共享单车可以有效改善城市公共交通网络的交通流量空间分布不均匀问题，有助于缓解交通拥堵。

深入掌握城市交通拥堵情况要依赖大量的数据采集系统和智能信息处理系统。目前，城市交通拥堵的监测管理多依赖摄像头，现代交通管理体系框架如图 3-1 所示。由城市系统中的摄像头构建摄像头矩阵，完成数据采集的任务，各个摄像头数据作为分布式信息管理系统的输入数据，实时传输到道路监控中心，通过控制台和电子屏呈现在交通管理员面前，交通管理员通过肉眼观察，对视频中的交通情况进行人工判断，或者是在监控系统中嵌入智能算法，跟踪观察道路交通状态，及时快速地发现突发交通事故和交通违法行为，然后由交通管理员或智能系统通过交通诱导系统、信号灯控制系统及交通服务管理控制系统共同来完成交通流量疏导和控制，以期给居民提供一个畅通的出行环境，实现智慧交通的打造。

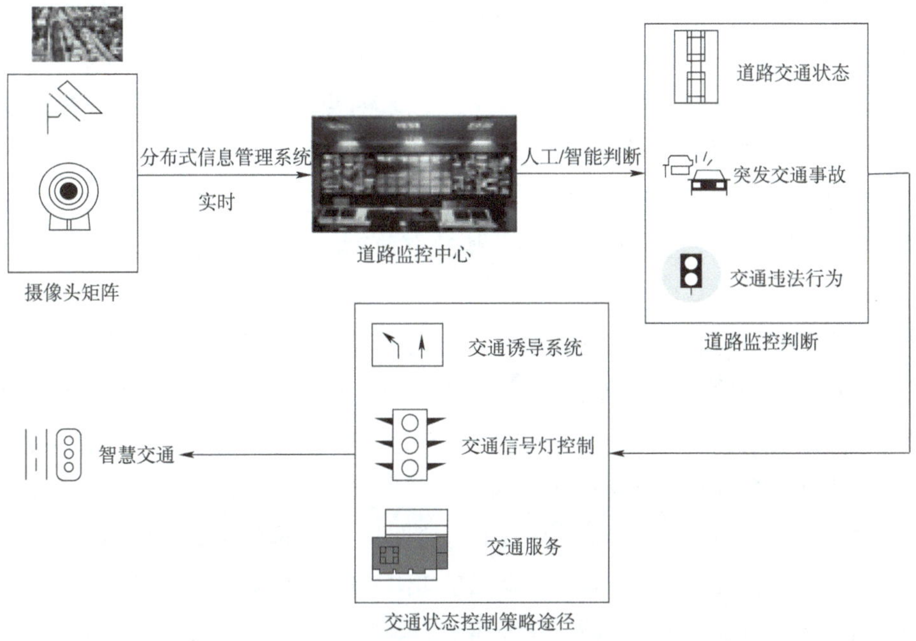

图 3-1　现代交通管理体系框架图

第二节　城市交通拥堵治理辅助信息系统

一　城市路网监测系统

2012 年 7 月，交通运输部路网监测与应急处置中心正式成立，承担了全国公路网日常运行监测、重大突发事件预警及应急处置支持、公路出行信息服务等职能，同时，也调查公路交通量，对全国公路网交通流进行实时监测、汇总和分析。

《交通强国建设纲要》明确提出交通“安全、便捷、高效、绿色、经济”的发展目标和“加强基础设施运行监测检测”的工作要求。现在的出行需求，已经不是“走得了”，而是“走得好”，要提升出行的质量和安全，更好地满足人民多元化、高品质出行需求，不断增强人民群众的获得感、幸福感和安全感。随着路网规模扩大、结构优化，行业改革不断向纵深发展，需要深化路网管理改革，加快转

型升级，落实好《关于推进交通运输治理体系和治理能力现代化若干问题的意见》，提高路网整体运行效率和服务质量，全面提升路网监测与服务现代化水平，推动路网进一步朝着更安全、更便捷、更高效、更绿色、更经济的高质量运行目标发展。新技术的快速迭代和广泛应用，给监测手段、检测方式、处置能力等提供了强大引擎。同时，车路协同、自动驾驶、空天地一体化综合立体监测网发展等更为路网运行迈向安全、互联、快速、低成本等目标提供了新驱动与强支撑。

"十三五"期间，运行智能化是路网运行监测与管理的主要目标之一，要加强路网数据采集体系的建设，优化路网监测任务机制，强化数据分析与挖掘的能力。全路网监测大数据管理基础支撑条件基本具备，并初具规模。截至2021年底，我国多级路网建设成效显著，党的十九届五中全会明确为"十四五"公路交通发展指明了方向。新时期路网运行监测体系内涵如图3-2所示，主要包括：顶层设计规划、全网协同运行、全网感知体系建设、"云网融合"支撑、数据赋能智慧决策、创新发展及引领行业新生态，为制定我国"十四五"公路网运行管理发展规划及中长期路网监测体系建设提供了参考。"十四五"时期，是我国从"交通大国"迈向"交通强国"的关键时期，公路网发展重心将从路网规模与空间扩张转向提升运行效率与服务质量水平，路网运行将向着更加安全、便捷、高效、经济、绿色的方向发展。

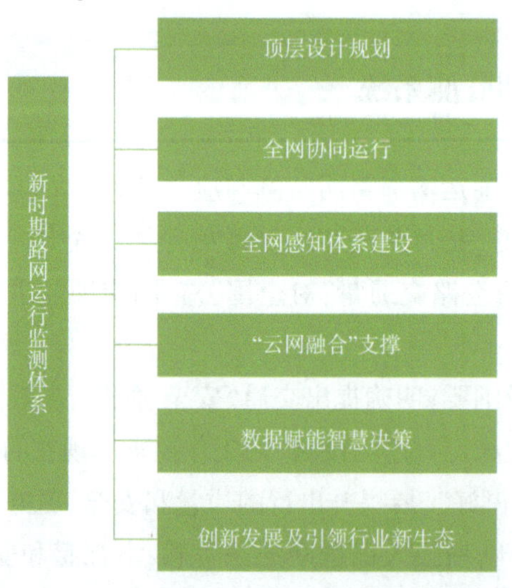

图3-2　新时期路网运行监测体系内涵

我国智能化交通系统主要应用于城市内部道路交通与高速公路交通，通过监控监督车辆行为，为交通运输管理部门提供管理和决策依据。国外的 ITS 技术包含了导航系统、安全驾驶系统、自动收费系统等 9 个开发领域与 20 个用户服务功能。欧洲、日本均对此系统进行了投资。对于路网监控体系，多是从高速路网考虑。高速路网运行大数据体系如图 3-3 所示。

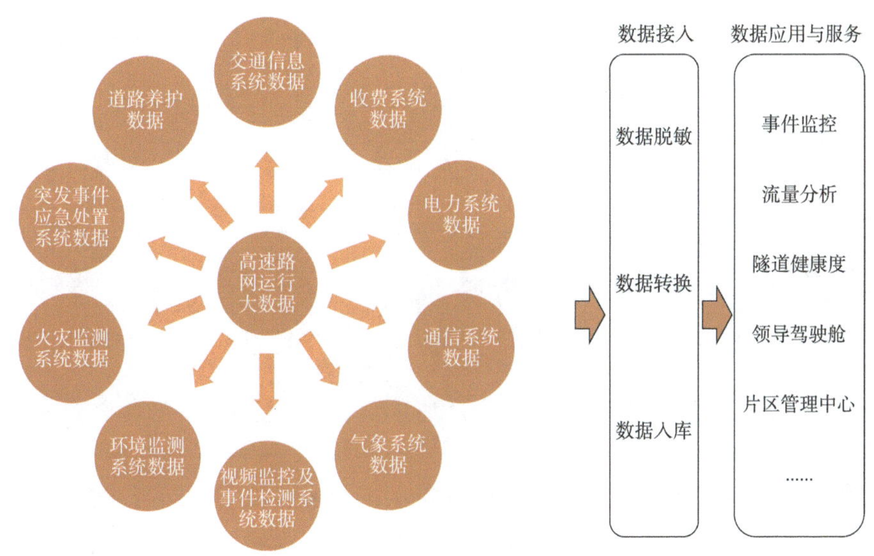

图 3-3　高速路网运行大数据体系

随着城市交通以及智慧交通的发展，越来越多的监控摄像头被安装在城市道路路口，采集交通路网及交叉口视频，获取交通流运行信息、交通拥堵信息和交通事件信息，实时监控城市的交通状况。这些摄像头记录下了车辆的各种信息，管理人员能够通过城市的交通监控系统获得车辆的行驶轨迹，但是摄像头的安装和维护成本高，采集信息覆盖范围有限，城市尤其是超大城市的摄像头数量有限，不能获得完整的交通信息，若组建摄像头为矩阵，基于多摄像头数据进行分析以获得城市路网完整交通信息，对整体计算体系是一个极大挑战。

以交通运行态势数据信息为主线、以数据可视化技术为载体，深度融合各项新技术与城市道路交通管理业务，并基于需求设计了城市道路交通态势监测系统构架与功能。交通运行态势监测数据及其应用体系如图 3-4 所示，交通数据有三个来源，即视频监控数据信息、电子警察数据信息和互联网交通数据信息;结合城市地理特点以及城市建设的交通基础设施,实现基于城市交通数据的应用,如给居民提供交通出行建议信息、交通诱导信息、交通拥堵信息、交通事故信息、停车管理和建议信息等。

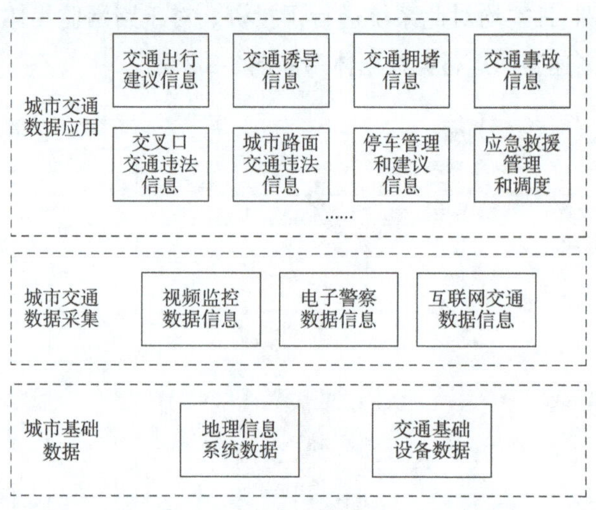

图 3-4　交通运行态势监测数据及其应用体系

城市道路交通管理与控制是全面维持城市交通系统正常运行及深度解决交通供给与需求之间矛盾的一项复杂系统工程。国内城市道路交通态势监测研究的主要方向是以视频监测的新一代交通诱导技术。基于交通态势监测系统的数据,主要研究这些数据的分类采集和信息融合,以分析城市道路交通运行态势;实现交通运行态势的特征分析与预测研判;可视化实时交通运行态势,满足不同交通出行需求的定制服务。

但是到目前为止,城市交通路网信息系统中现存的问题主要有以下三点:

(1)多源数据融合度不高,未能实现全网全要素感知分析。

(2)"智慧路网"相关建设有待推进,大数据科学决策支持等能力有待进一步加强。

(3)路网治理系统、服务效果和质量难以满足社会公众的个性化需求,路网运行现代化治理能力与交通强国"四个一流"要求相比,存在较大差距。

要构筑城市交通一体化全覆盖、全天候、全要素、全过程感知体系,进一步强化数据赋能,就要推动监测体系的创新发展,以技术创新为驱动,以信息网络为基础,提高路网综合运行效率,加强技术应用,促进科技在交通运输中的作用。

二　实时路况分析系统

在城市交通拥堵治理过程中，信息系统起着重要的作用，其中就有实时路况分析系统。进行路况分析，需要采集关于路况的数据。在交通流理论中，用于表述路况的数据有车流量、车流速、车辆密度、道路占有率，而交通往往与气候、风力等相关，因此，还可以采集路面温度和湿度、风力和道路能见度等数据。

在嘉兴市，实时路况分析系统是由信息采集与分析、信号控制、交通监控和交通诱导等智能系统组合而成，其体系示意图如图3-5所示。该系统通过摄像头、电感线圈、卡口等多种设施设备采集交通流数据，将其处理并以交通流数据库、交通状态信息库、数据处理模型库、预案库、交通诱导信息库等数据库存储，将信息发布在交通诱导屏、可变信息板、移动终端、互联网等平台上。嘉兴将已有的智能交通信号控制系统、电子监控集控平台、网上巡逻集控平台、重点车辆动态监控系统、交通诱导信息发布系统以及警车、单兵定位系统等有机整合为一体，形成一个高效的交通道路管理指挥决策平台，完成嘉兴的道路交通指挥。

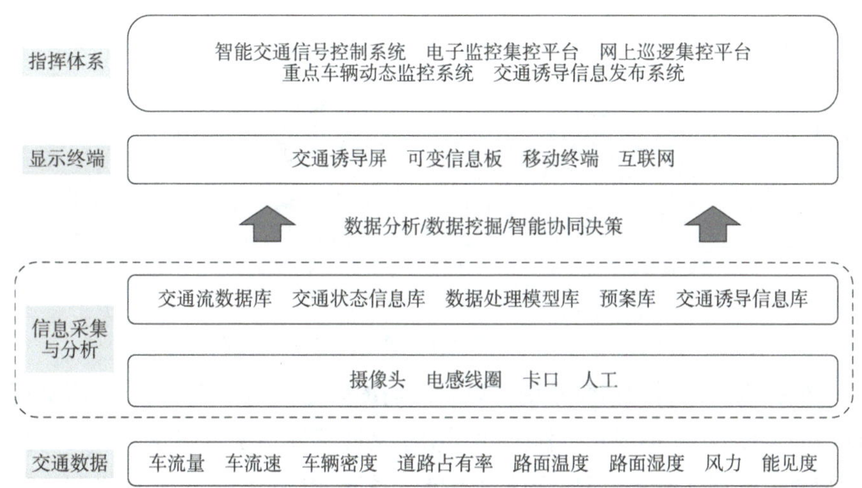

图3-5　实时路况分析系统体系示意图

三 交通诱导信息系统

路网诱导信息系统是常用的交通流量引导工具之一，该系统通过提供路网交通实时状态信息，引导车辆在路网中择路运行，提醒、建议交通参与者选择从出发地到目的地的合适路径，尽可能避开原来拥堵路段或预测即将拥堵的路段，避免加重这些路段的拥堵，从而减少车辆在道路上的行驶时间，实现交通量在整个路网中的均匀分配，这样有利于科学分配交通流，缓解城市交通拥堵。交通诱导信息发布系统是一种主动式的交通控制方式，可以通过自动和手动发布相结合的方式实现信息发布，即除了能够将交通流量信息按照一定的频次更新自动发布在诱导屏上外，还可以由城市交通指挥中心的工作人员根据需要，对流量信息进行人工矫正，手动发布相关信息。

交通诱导信息系统的基本体系示意图如图 3-6 所示。采集道路信息，再对交通数据进行分析后，通过特定的信息发布服务器，完成诱导信息的发布。通常，有两种诱导标志，一种是基于路网地图的嵌入式 LED 交通诱导示例，另一种是显示文字的全点阵式 LED 交通诱导示例。北京、重庆、广州等城市在主要路段还配了基于电子屏的交通流量展示系统，在电子导航系统中，也会根据实时路况提出最优路径建议。

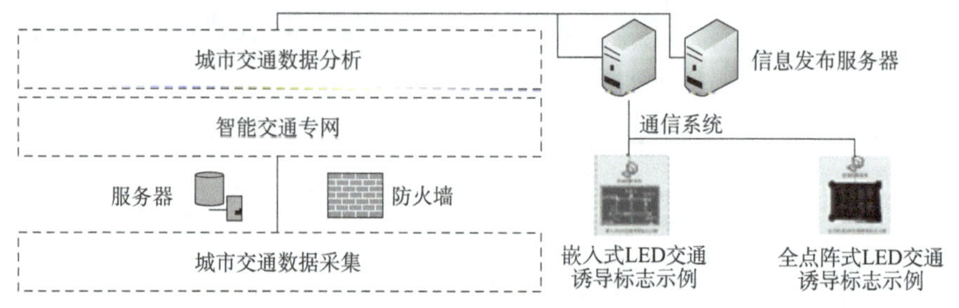

图 3-6 交通诱导信息系统的基本体系示意图

高效指挥交通诱导信息系统可以给人们的安全出行保驾护航，提高交通管理部门的工作效率，加强其工作力度。动态交通诱导系统是基于电子、计算机、网络和通信等现代技术，利用全球卫星导航系统、电子交通图、计算机和先进通信技术，自动显示出行者位置、交通网络图和道路交通状况，为出行者找到从当前位置到目的地的最优路线，并协助出行者方便地进入原先没有去过的地方，从而有效防止交通阻塞的发生，减少车辆在道路上的逗留时间，并最终实现交通流量在网络中各路段上的最优分配。

第三节　智慧城市交通拥堵治理模式

一　深圳智慧城市交通治理模式

作为我国改革开放的重要窗口和粤港澳大湾区的核心引擎城市，深圳被交通运输部列入第一批交通强国试点城市。为服务深圳经济社会发展，实现交通运输的高质量发展，深圳将“城市交通治理现代化”列入先行示范要点，期望在模式、技术、政策、法规等方面有所突破，其智慧城市交通治理模式作为案例被进行了剖析。

深圳实现了数字技术和政府履职的全面深度融合，充分利用大数据、物联网等先进技术，全面提升以大数据为支撑的政府决策科学化、治理精准化、服务便捷化水平。

深圳综合交通监测应用是该区域交通运输一体化智慧管控平台。该平台面向交通运行监测与调度，以“业务驱动、场景导向、数据支撑、技术创新”为设计理念，挖掘整合多源数据，构造综合不同维度交通一张图，动态监测全市道路运行、重点车辆分布、基础设施状态、重大枢纽及周边道路与人流等多项综合监测指标，作为感知前端，面向业务场景和跨部门协同，驱动交通运输业务一体化协同运营，以实现基于数据驱动的全息感知，进一步实现可靠推演、精准管控和全程服务的数据应用。从“海-陆-空-铁”四个空间维度，实时监测和统计运行状态及客流特征，对重大交通枢纽实现综合监测。从宏观、中观、微观三个角度精细化城市交通运行网络，实时获取运行速度、交通指数等指标，掌握交通发展、变化趋势及识别交通问题，提升特殊节假日交通出行指引效率。

深圳总结了“五段式”拥堵治理新模式。首先是“一个中心”，即综合交通大数据中心；这个中心实现全方位交通监测，在这里汇聚多源交通大数据，对其进行采集和融合挖掘分析，并实现多元可视化展示。该中心是整个智慧交通治理系统建设的核心载体、基础和必要条件。利用处理得到的全面实时监控数

据，可以计算交通实时状态指标，便于管理者实时掌握全面的交通运行状态信息。依据中心处理出来的结果，可以自动识别实时异常事件，如交通拥堵、车辆异常聚集、人流异常聚集等，通过对不同检测数据的分析和特征提取，定义和识别异常的交通事件，以进行即时预警和推送。针对预警事件进行全面的分析研判，包括实时特征情况、历史趋势演变、事件特征提取、未来演变趋势预测等，分析事件形成的机理，事件背后的规律和特征，剖析事件的整体发展，为后续的事件治理提供决策支持。然后基于具体场景，针对具体事件研究治理方案，并持续跟进和迭代交通政策和治理措施实施的效果，形成“监测—预警—分析—治理—评估”全过程闭环的交通监测及治理体系，实现交通治理的全过程服务。

深圳模式中，支持对城市道路拥堵情况的实时跟踪、监测道路拥堵时空分布特征、发展变化规律，分析交通拥堵成因，重大活动场景下人员应急疏散，促使城市交通管理部门及时、准确、全面地掌握交通运行状况与发展，不仅为改善城市交通运行状况提供重要依据，还能帮助管理部门科学分析评估规划决策的影响与实施效果，为有效制定交通发展战略政策和近期改善对策措施等提供强有力的技术支撑，全面提高城市交通运行管理的信息化、科学化、智慧化水平。

城市交通体系复杂性的特点决定了在交通治理领域仍然存在以下两大痛点：

(1)多源数据的采集和共享存在壁垒，数据分散，没有形成全时空的数据感知体系。

(2)数据融合度不够。

探索智慧城市交通拥堵治理新模式，采取综合措施改善和治理城市交通拥堵，已经成为所有交通参与者和管理者的共识和紧迫任务。

二 杭州智慧城市交通治理模式

杭州是浙江省省会、长三角南翼中心城市和杭州都市圈核心城市。根据高德交通发布的城市交通报告显示，自 2013 年治堵以来，杭州市在百城拥堵指数中的排名从前 3 位降到了 2020 年第三季度的第 31 位，从“极度拥堵”降到“轻度拥堵”，这得益于以城市大脑应用为代表的一系列智慧治堵工作。

杭州“城市大脑”起步于 2016 年 4 月，该系统以交通领域为突破口，利用大数据实现改善城市交通的探索，包括警务、交通、文旅、健康等 11 大系统和 48 个应用场景。2018 年 12 月 29 日，杭州“城市大脑（综合版）”正式发布。在 2018 年度亚太区智慧城市大奖公布结果中，杭州“城市大脑”荣获交通组大奖，其创新应用在交通领域打造了一种全新的建设模式。

基于“城市大脑”的智慧交通管理应用主要体现在每两分钟对城市道路交通状况进行一次扫描，实时感知在途交通量、拥堵指数、延误指数、安全指数、快速路车速等 7 项交通生命指标，自动提取警示可能的路况趋势，为交通诱导和勤务部署赢得时间。“城市大脑”能够自动发现 110 种警情，准确率可达 95%，从发现到报警平均用时 10s，并可就近调度警力第一时间快速处置，从而将事故导致的交通拥堵影响降到最低。

在公共交通的应用上，基于“城市大脑”，构建了基于手机二维码、公交集成电路（Integrated Circuit，IC）卡、银联云闪付的一体化移动支付体系，对海量公交出行客流数据进行挖掘分析，获取精准动态客流交通出行量（OD）信息以及基于乘客习惯的 OD 预测信息，实现全自动人工辅助的智能调度，从而合理配置运力，提升调度效率。借助城市大脑的云和大数据，综合高德地图等 GIS 信息、路况信息、交通量 OD 信息和算法，结合公交导航定位信息和移动全支付数据，开发公交动态模型，进行区域公交线路联动优化，在此基础上，杭州提供了多元化定制公交出行方案。

利用“城市大脑”，相关管理部门实时掌握城市拥堵态势，动态监测道路运行情况，通过智慧诱导缓解枢纽拥堵，打通停车信息孤岛，解决医院拥堵，定量精准评估堵点治理成效，提供科学合理的行车导航服务、共享便捷的停车服务，杭州成为第一个利用数据计算后有序放宽“限行措施”的城市。

深圳和杭州的交通治理模式是信息技术驱动政府智慧治理的典型实践。“用数据决策、用数据管理、用数据服务”的治理模式创新，为大数据时代城市治理体系和治理能力现代化提供了宝贵的实践经验。

第四章 CHAPTER 4

城市路网交通治理的数据环境

第一节　城市路网交通状态的感知与数据形式

在经典交通流理论中,交通状态是由流量、速度、密集度三个重要参数决定的。最早,地感线圈被安装在固定地点,用来采集基础交通数据,通过运算获取这三个参数数值。随着成像技术和图像处理技术的发展,摄像头也被应用到定点区域的交通状态监控中来。局部、离散的交通数据不能完整地复现城市交通整体状态,通信数据的融入使得车辆轨迹数据可得,交通数据覆盖的空间范围伴着车辆的轨迹变得宽广且连续。随着互联网的兴起,电子地图服务也实现了在线化。手机等移动端的自媒体应用改变了人们的生活模式,基于地理位置的服务可以将移动端持有人的行动轨迹以数据形式进行存储。基于地理信息数据,将电子地图栅格化,融合交通流数据和移动端数据,结合可视化技术,城市路网的交通状态可以通过电子实时路况地图呈现。电子实时路况地图在现实生活的导航系统中得到了广泛的应用。

随着交通数据的丰富和发展,多源数据融合使得城市路网交通状态的感知逐渐实现了由局部到整体的协调统一。基于数据的来源,这里将现有交通数据分为了三大类:定点传感器数据、网络通信数据和网络平台数据,如图 4-1 所示。

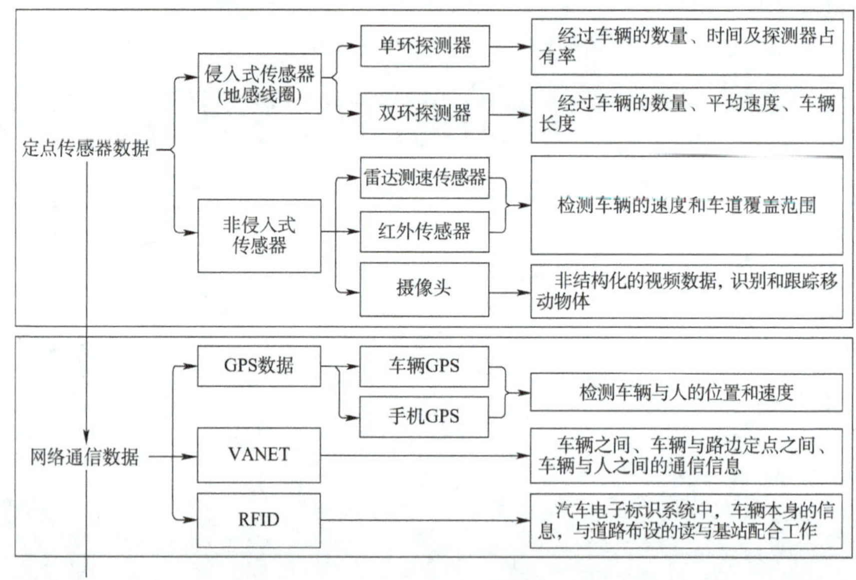

图　4-1

图 4-1　基于数据来源的交通数据分类

一　定点传感器数据

定点传感器主要是指地感线圈和摄像头。定点传感器数据的最大不足是其覆盖空间有限、安装及维护工作复杂且价格昂贵，一般会将其布局在高速公路沿途、城市主干道及重要交叉路口的位置，它们是交通流基础数据的重要来源之一。

地感线圈是需要埋到路面以下的传感器，分为单环探测器和双环探测器两种，可以精准获取结构化的交通流数据，且不受外界天气等因素的影响，属于侵入式传感器范畴。摄像头属于非侵入式传感器范畴，它的采集数据易受雨、雾、光等天气条件的影响，采集到的是图片或视频形式的非结构化数据。

地感线圈获取的数据准确，可以与多种数据源融合，获得更多有价值的交通数据。比如，将环形探测器与蓝牙 MAC 扫描仪结合使用，可以估计出行时间。将环形探测器和摄像头结合，环路探测器埋在地下，检测车辆施加的压力，可以计算经过它的车辆数量；摄像头在计算车辆数量的同时，还可以识别车牌号码，同时提取结构化和非结构化数据，对车辆识别匹配有重要意义。但是这些点探测器通常相距至少 0.54km（1/3mile），使得获取的交通数据在空间上无法连续，容易引起数据的缺失。

二　网络通信数据

这里涉及的是与交通数据采集相关的无线通信网络技术，包括车载移动通信网络（Vehicular Ad-Hoc Network，VANET）、全球卫星导航系统（Global Navigation Satellite System, GNSS)和射频识别技术(Radio Frequency Identification, RFID)。

车辆作为一个可以高速移动的载体,在其动力组件、底盘和车身均装有多种传感器,如安全传感器、诊断传感器、车速传感器和环境监测传感器等,这些传感器采集各种状态信息,通过车联网在车和基础设施之间实现信息共享,而VANET对实现共享给予通信保障。VANET是在2001年被首次提出,是智能交通系统的重要组成部分。这个网络的节点由移动中的车辆和交通设施构成,可以完成车辆间、车辆与路边交通设施的信息中继工作,以提供相应的交通服务。为了评估交通拥堵程度,Bani和Boukerche特地考虑在VANETs中加入有效探测交通拥堵的协议。Paranjothi等和Terroso通过VANET实现了交通拥堵的探测。甚至,Knorr等探索到了通过VANET缓解交通拥堵的方法。基于VANET框架设计的车辆之间面向内容的通信(Contents Oriented Communications, COC)系统可以使拥堵情况及事故信息实现车间及时共享,但是当车辆在快速运动时,VANET的运用就会涉及频繁的网络跳转,造成网络不稳定和数据包的丢失,从而造成数据的不完整。

卫星导航系统提供的是基于卫星系统的实时定位数据。移动通信设备中配备的导航定位功能,使蜂窝网络数据会带有经纬度位置信息及时间信息。由于蜂窝网络数据中可以记录用户手机在信号网格中的切换,Demissie等通过计算蜂窝网络切换次数来衡量道路交通状况,相关性分析表明该切换和流量之间有很好的关系。车载卫星导航系统终端设备可以记录车辆轨迹数据,较为典型的公开数据集是出自微软研究GeoLift项目,该项目收集了自2007年4月至2012年8月182个用户的轨迹数据。卫星导航系统采集数据依赖于终端设施。终端设施移动范围越广,其数据所覆盖的地理面积就越广。在既有研究中常提及的浮动车数据,就是通过车载卫星导航系统终端获取到的。该数据被用于识别交通拥堵状态的时空模式、对交通的拥堵进行估计与预测和交通动态的可视化呈现。基于车辆轨迹数据,可以估计全城范围的交通流量,可以分析和预测交通拥堵情况。导航定位数据有着自己的标准,格式规范,但是基于导航定位数据进行融合分析时,很难区分数据来源的终端是车辆还是行人,易导致数据本身的偏差或者重合,必然会在最终分析结果上存在偏差。

三 网络平台数据

本部分内容提及的网络平台数据是基于位置系统(Location Based System,LBS)的互联网平台数据以及电子地图数据。

用户启用了网络平台的 LBS 功能,当用户发布信息的时候,网络平台可以实时记录用户的地理位置,随着时间的推移,这些地理位置就可以成为一种体现用户移动轨迹的数据,被作为一种行为数据应用到交通研究中。其中,Twitter和微博的数据应用较多。陈宏飞等结合微博数据,从不同时间维度研究了西安交通拥堵的空间分布状况。Gu 等和 Dabiri 等通过 Twitter 数据来探测交通事件的发生。基于 LBS 功能的网络平台数据,其实质跟踪的是用户的轨迹,但是它需要用户打开 LBS 功能,否则系统就采集不到数据。该数据的精度相对较低,对用户有一定依赖性,容易出现缺失值。

电子地图是一种特殊的网络平台数据。它是由地图供应商在网络平台上通过叠加矢量图层的方法,融合了交通路网数据、实时交通流数据、地理信息数据及城市建筑群等数据,进行在线渲染,以瓦片图的方式,通过固定周期更新将整体交通状态与城市建设状况同时呈现在用户面前,可以根据用户的需求,调整地图精度。国内应用较为普遍的有高德地图和百度地图,国外常见的有谷歌地图和必应地图。高德地图和百度地图每年都会发布国内城市交通状态报告。电子地图将实时交通状态通过道路像素色彩来呈现,形成实时路况地图,这里,我们将其称为电子实时路况地图。电子实时路况地图在线完成了交通路况数据与地理信息数据的融合,以像素色彩呈现对应的交通状态。电子实时路况地图的优点是保留了城市交通状态的时空分布特点,并通过色彩对路况进行了离散表征。同时,地图供应商还基于电子地图提供了热力图、道路规划等多项服务。利用百度地图热力图,从空间使用强度的角度,吴志强等进行城市空间的研究。Song 等从电子地图中提取出公交的密度、多样性、设计和转换距离这些线路数据;利用这些数据来挖掘交通拥堵模式和影响因子。赵天天等通过下载百度实时路况数据,统计像素色彩变化,分析了原发性和继发性的时序关系,对原发性交通拥堵点进行了判别和特征描述。赵天天等是将百度实时瓦片数据下载后,拼接成完整的栅格图,然后进行相应的研究,数据处理过程较为复杂且瓦片数据的拼接容易发生错误。而电子实时路况地图是以图片的形式直接呈现交通状态,无须拼接,虽然它没有交通流数据精准,但是可以满足体现交通状态变化的需求。

多源的交通数据根据不同的存储方式,可以分别归属为结构化数据、半结构化数据和非结构化数据,具体如图 4-2 所示。

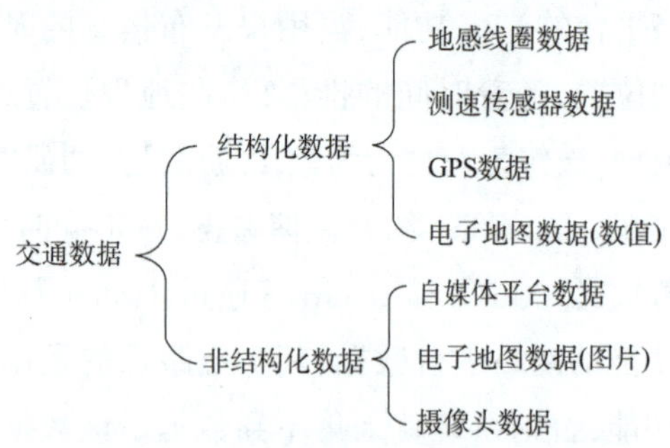

图 4-2　基于存储方式的交通数据分类

结构化数据是用二维表结构形式表达数据,严格地设定数据格式与规范,通过关系型数据库进行存储和管理。在交通数据中,地感线圈数据、导航定位数据、测速传感器数据都属于结构化数据。从电子地图中采集的路况数据,也是结构化数据。

非结构化数据是指图像、声音、视频等。在交通数据中,通过摄像头获取的视频、图像就是典型的非结构化数据。若将电子地图看成图片序列,也是属于非结构化数据的范畴。

半结构化数据介于结构化数据和非结构化数据之间。从整体上看,它是结构化数据,而数据的细节可能是多样的,存在非结构化数据。例如,在摄像头数据存储系统中,存储来自一个定点摄像头数据,会记录时间、摄像头编号及相应的图片数据。在这个信息中,时间和摄像头编号是结构化数据,而表示其内容的视频则是非结构化数据,因此,该信息属于半结构化数据。

综上所述,可知,城市路网交通状态的感知依赖于多源交通数据,数据采集和处理技术的发展使得城市交通状态的感知从局部发展到了整体。表 4-1 对常用交通数据进行了整理对比,可以发现电子地图数据是所有数据中唯一一个可以实现大面积同步观察的数据源,虽然它有非实时更新渲染的缺点,但是它是可以满足分析交通状态动态特性的需求。电子地图数据在实践中已经得到了应用,在线导航系统基于它可以实现路线规划,作为出行者的参考。在学术领域,学者们多是通过地图服务商提供的接口,获取到城市拥堵指数、路段平均速度等数值数据展开分析,将地图数据作为图片序列展开分析的研究,目前尚不多见。

常用交通数据的对比　　表4-1

数据名称	数据来源	存储方式	优点	缺点
地感线圈数据	定点传感器	结构化	准确	覆盖面小,维护成本高
摄像头数据	—	非结构化	形象、生动	覆盖面小,维护成本高,易受气候、光等条件的影响
GPS数据	网络通信	结构化	连续可形成车辆轨迹,覆盖面大	需安装终端装置,依赖网络
VANET数据	—	结构化	准确	数据质量与车辆运行速度相关;随车辆运动的速度加快,易发生数据不完整
LBS数据	网络平台	半结构化	可得性强,覆盖面广	对用户和平台的依赖性强
电子地图数据	—	非结构化	可得性强,同步观察的覆盖面可调节	非实时的更新渲染,数据精度有待提高

第二节　交通拥堵状态的指标

传统交通流理论用车流速度、车流量等基础参数来描述道路的交通状态,表4-2展示了不同道路类型条件下,不同路段平均行程速度描述道路交通状态的标准。比如,对快速路而言,当平均行程速度大于65km/h时,该快速路为畅通状态;对主干路而言,则是当平均行程速度大于40km/h时,该主干路为畅通状态;对次干路和支路而言,畅通状态对应的平均行程速度阈值则为35km/h。

交通拥堵等级与车辆速度、道路类型之间的关系　　表 4-2

道路类型	拥堵等级				
	畅通	基本畅通	轻度拥堵	中度拥堵	严重拥堵
快速路	$V>65$	$V=(50,65]$	$V=(35,50]$	$V=(20,35]$	$V\leq20$
主干路	$V>40$	$V=(30,40]$	$V=(20,30]$	$V=(15,20]$	$V\leq15$
次干路、支路	$V>35$	$V=(25,35]$	$V=(15,25]$	$V=(10,15]$	$V\leq10$

注：V 表示路段平均行程速度，单位为 km/h。

一　道路交通指数

道路交通指数是用量化刻度对应表达道路交通运行拥堵程度的相对数值，是道路交通状态的数字化表达，是一种结合指定空间范围内道路平均车速和人民对道路交通拥堵程度的感受、综合量化反映道路交通运行状态的方法。道路交通指数的值介于 0 ~ 100 之间，通过对历史数据的统计分析、出行调查和现场验证，分别归纳出人们对快速路、地面道路等交通拥堵的感受，将道路交通指数分为“畅通”“较畅通”“拥堵”“阻塞”4 种等级，见表 4-3。

道路交通指数分级与交通状态对应表　　表 4-3

交通状态	畅通	较畅通	拥堵	阻塞
指数区间	[0,30)	[30,50)	[50,70)	[70,100]

基于道路交通指数，李若灵以拥堵概率等评价指标，从拥堵起始时刻和拥堵时长来说明地区拥堵的特征，对比了 2014—2018 年的数据，说明了上海市地面拥堵区域的特征变化。

二　交通拥堵指数

交通拥堵指数，也被称为道路延时指数，是综合反映道路网畅通或拥堵的概念性指数值，相当于用数字来表示拥堵情况，可以动态地反映路网交通的运行状态。交通拥堵指数的计算是某路段实际行程时间和畅通行程时间的比值，用来衡量一个地区的交通拥堵状况。其中畅通行程时间就是交通的自由流运行时间。

$$交通拥堵指数 = \frac{实际行程时间}{畅通行程时间}$$

交通拥堵指数的取值范围是 0 ~ 10，分为五级，数值越高表明实际行程时间越多，也就是交通拥堵状况越严重。根据城市交通观察时段的不同，改变实际行程时间的内涵，可以得到相应的城市交通拥堵状况。

城市交通，由居民通勤行为造成的规律性早晚高峰拥堵，是治理的重点。百度地图将交通拥堵指数中实际行程时间的内涵定义为工作日城市通勤高峰期内的实际行程时间，可以得到通勤高峰拥堵指数。其中早高峰为 7:00—9:00，晚高峰为 17:00—19:00。对于高峰时段外的情况，可以称为城市平峰时段的交通拥堵指数。百度地图或交通管理者通常利用交通拥堵指数对不同城市进行拥堵状态对比。2022 年 6 月，百度地图发布的《2022 年第一季度中国城市交通报告》中，基于通勤高峰拥堵指数数值的变化，得到了主要城市交通拥堵状况整体改善的结论。该报告还用高峰拥堵指数和平峰拥堵指数的差异说明了高峰时段和平峰时段的道路拥堵差异。

第五章

CHAPTER 5

数据驱动的城市交通状态感知

第一节　交通拥堵状态的探测

城市交通拥堵探测是交通领域学者研究的热点，拥堵形成的原因对寻找探测拥堵方法有启示作用。

城市拥堵的形成原因是多方面的，有地理因素，也有人文因素。Song 等应用交通的时空分布模式从多维数据中寻找交通拥堵的影响因子，兴趣点在地理上的分布影响是他们的主要思考角度，如医院、景点、绿化带及公交车站等。结果显示，这些公共设施无论是在高峰时段还是非高峰时段，都会影响区域拥堵。另外，公交车站的数量会影响高峰时段的拥堵，而复杂商圈内，大型建筑物的入口设计会影响拥堵的程度，由此学者们研究并证实了交通地理兴趣点对交通拥堵的影响。现实生活中，城市的发展伴有交通基础设施的建设、改造和维护，雾霾、雨雪天气的影响，临时交通管制等都会引起交通拥堵，图 5-1 总结了交通拥堵的成因。

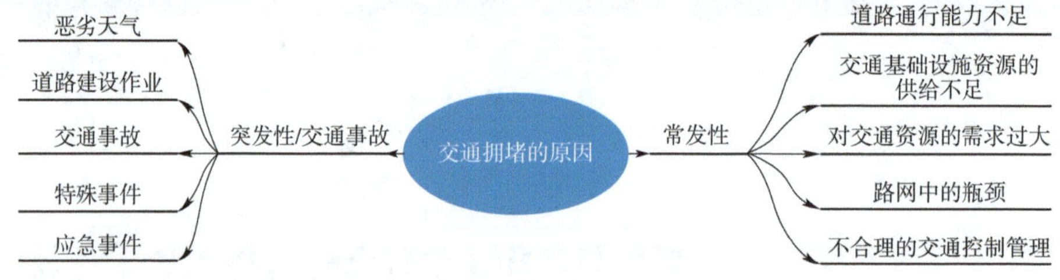

图 5-1　交通拥堵的成因分类

常发性拥堵（Recurrent Congestion），主要指发生在早晚高峰期的、周期性明显的拥堵，有一定模式。其形成的主要原因是交通资源的供需冲突、基础设施中的缺陷及交通管理的不足。常发性拥堵与城市居民的生活紧密相关，它受常住人口的通勤行为影响较大，也影响着居民的出行成本。因此，其发生的地点和延续时长都受到了通勤者和交通运营者的关心。

突发性拥堵（Non-Recurrent Congestion），是指在一天中发生时间不定的拥堵，其发生的地点和持续时间常常与路网交通条件、出行需求和交通容量有关系。在出现交通事故、车辆问题、演出或会议等特殊事件，应急事件，恶劣天气及道路建设作业的时候，比较容易出现突发性拥堵。突发性交通拥堵和交通事故的分布都是随机的,它会给出勤带来意想不到的延迟影响,也是不少学者研究的兴趣点。

及时、准确、自动地探测城市拥堵,可以便于快速采取交通管理措施,缓解交通拥堵。通过数据探测拥堵是加强拥堵原因认知和后期实施有效拥堵控制的基础。对交通拥堵探测的相关研究主要有事件探测和拥堵探测两大类。事件探测是基于动态序列数据的异常交通探测,而拥堵探测则主要是指常发性拥堵探测。可以说,交通拥堵的探测是将采集得到的数据转化为人们日常理解的道路状态,进一步理解交通流数据,实现道路交通状态的识别。图 5-2 对现有文献中,数据驱动的拥堵探测方法进行了梳理。

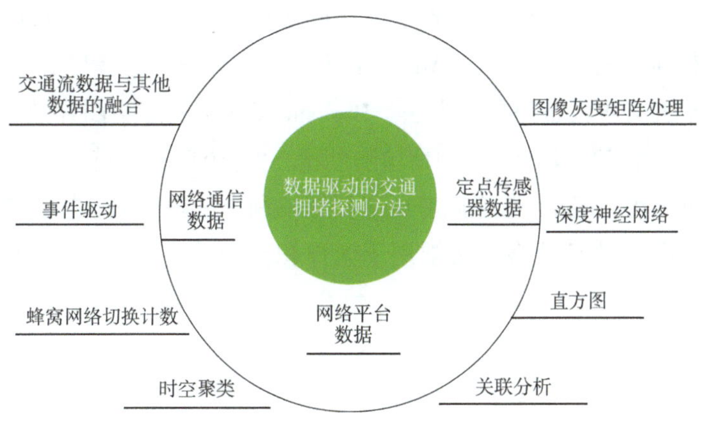

图 5-2 数据驱动的交通拥堵探测方法整理

其中,Anbaroglu 等通过时空聚类分析链接旅行时间数据(Link Journey Time,LJT)探测城市路网中的偶发性拥堵。Yu 等改进了用于时间预测的混合深度 LSTM 模型,对交通流序列数据进行异常检测。刘炀运用北京浮动车轨迹数据,建立网格模型,构造网格输入输出的动态特征,对网格内行程时间的时序变化进行统计分析,从而发现常发拥堵的节点对,结合实时行程时间数据,识别偶发事件。通过分析视频数据来探测交通异常事件的时候,通常会采用深度学习的方法。Sun 等使用了堆叠式自编码器学习视频主体的特征和运动,用支持向量机进行分类识别异常事件。而网络平台数据也可以用于事件探测,Chen 等应用 Word2Vec 的事件融合模型,感知并检测城市交通事故。徐艳等提出了基于实时路况数据的拥堵比率评价指标来判断道路实时状态。

传统交通监控数据来自一些定点传感器,这些传感器的安装非常昂贵,但

他们能提供的交通信息也有局限性，只能是定点、地理区域范围较小的交通信息，在应用这些数据进行道路交通状态探测时，常常需要将分散的传感器数据进行匹配融合，计算量较大。Benjamin 使用双回路检测站，匹配站点之间车辆的测量值以监视整个道路。传统的车辆探测器只能监视一条路上的零散点，但是事故可能在任何地方发生。Benjamin 没有想着去探测拥堵的状态，反而是借助时间窗模型去寻找自由流。针对摄像头等交通监控图片中的纹理特征，Li 等提出了一个基于图像灰度共生矩阵特征提取技术的快速探测城市道路交通拥堵的算法，他是利用了拥堵图像和通畅图像之间的纹理特征差异，进行车辆密度估计，从而判断出拥堵状态。Bani 等提出了一个有效的道路交通拥堵探测协议，在一定区域或路段的交通数据被收集到之后，就可以计算出这块区域的交通密度、速度或预估出行时间。Antoniou 等基于直方图特征提出了一种可解释的局部单车道交通状态探测的方法。Hesham 等基于摄像头图片数据，提出了一种基于轻权重直方图的交通拥堵检测模型，对每个单独车道的交通状态模式实施微观可视化，并基于先验概率预测拥堵以利于采取拥堵预防措施。随后，深度残差等深度神经网络算法被用于大面积交通监控系统的区域交通拥堵探测。

对定点数据局限性的认知改变了人们的研究思路，人们开始探索连续的探测器站点，去观察同一辆车，因而车辆识别成为一种技术需求，该详细内容与本文相关度不高，不做过多描述。随着协同车辆系统（Cooperative Vehicular System，CVS）和智能交通系统（Intelligent Transportation System，ITS）的提出，协同车辆-基础设施技术使得车辆可以实时收集和交流交通状态信息，从而车联网通信数据也被应用到城市拥堵探测中，其中包括了车-车（Vehicle-to-Vehicle，V2V），车-基础设施（Vehicle-to-Infrastructure，V2I）之间的通信数据。在合作 V2V 通信系统中，相邻车辆间会彼此提供其地点和速度等信息。Bauza 等提出了一种基于 V2V 通信的方法来进行交通拥堵探测，通过模糊逻辑来探测交通拥堵，而不依赖于基础传感器。Terroso 利用 VANET 中共享的关于车辆位置的信息，基于事件驱动的框架机制来看 VANET 信息，从而实现了探测分布式交通信息系统中不同程度的交通拥堵。Bauza 和 Gozalvez 通过 V2V 车间通信数据的变化来探测大范围高速道路拥堵。Demissie 等通过使用蜂窝网络切换计数来衡量道路交通状况。Yuan 等结合城市快速路的特殊拓扑结构，对 VANET 数据，采用简化的多普勒频移方法来估计和区分主道路和辅助道路的交通情况，以准确探测城市快速路上的拥堵情况。Ahmad 等基于该数据的内容，提出了一个探测和预估车辆速度的方法，进行拥堵检测。Wang 等考虑车对车通信，基于车联网通信进行交通拥堵探测：首先，构建了一个基于车辆速度、交通密度和交通拥堵率、局部交通拥堵水平的模糊控制器；然后，基于车对车通信，邻车间可以查询局部交通拥堵信息，然后可以获取到区域交通拥堵水平的信息；最后构造了一个仿真测试平台，计算了车辆节点的退避时隙，收到的数据包可以得到计算。该方法可以提高拥堵探测精度 5.5% ~7.5%。

网络通信数据中的 GPS 数据（含浮动车数据等）使得研究交通问题的覆盖面得以增大。Eleonora 等提出了基于实时 GPS 数据来探测交通拥堵和事故的专家系统，数据采集自 GPS 车载终端或驾驶人的移动智能手机。首先，将 GPS 轨迹提前处理，与地理信息数据融合，呈现在一个道路地图中。然后，这个系统会根据车辆的速度数据给地图中的每段道路一个交通状态。最后，系统会给其用户发送交通预警信息。交通预警信息包含拥堵区域、交通状态（含事故、缓行及拥堵）以及该区域的车辆速度。Sunderrajan 等使用基于 Agent 的微观仿真，采用浮动车数据对交通状态进行了重构。Kong 等则将实时探测得到的大范围城市交通流量转化为城市交通拥堵状态。邬群勇利用出租车轨迹数据，判定道路拥堵指数是否异常，以确定其是否拥堵。Kan 等结合 GPS 数据和道路转弯结构检测转弯方向上的拥堵事件。

网络平台数据是基于互联网应用的数据，通过社交媒体平台和在线 Web 服务来获取数据，它打破了时间和地点的限制，通过互联网数据采集和融合技术，可以获得完整的数据，可以用于更为详细全面的交通研究，与传统物理传感器相比，它具有低成本和高覆盖的优点，含文字、图片、视频等多类非结构化数据，这些数据可以与定位技术中的地理信息融合。在 ITS 中，感知和分析此类多渠道社交信号，可以为控制和优化交通系统提供新的途径。这类数据包括在线媒体数据和在线 Web 服务数据。其中在线媒体数据包括微博、Twitter 等；而在线 Web 服务数据则包含 Google 地图和百度地图数据。Twitter、新浪微博和新闻的文本及图像数据被用于感知交通时空模式的变化，以检测、表示、链接和融合城市交通事故。Chen 等指出在线开放数据具有丰富的交通流量信息，并论证了基于网络地图数据收集的可行性。百度 API 开源数据被用于查询实时位置、研究居民出行规律、研究城市空间分布,或提供接口作为交通应用系统的基础。城市大气污染、天气气候情况等数据在网站上公开,学者们进一步结合交通数据和大气气候数据,研究交通行为与城市空气污染之间的关系。随后,Choudhary 通过空气中污染气体的排放情况来检测拥堵事件。张建旭等识别路网实时拥堵状态,以在线地图的历史延时指数为基础,用相邻路段有效拥堵状态发生时间顺序、持续时间阈值和流向流量关系识别传播性拥堵。

对交通管理部门和城市居民来说,准确而及时的交通状态预测有助于提升交通管理和出行效率。提高预测的准确性,这一直以来都是学者们努力的方向。预测,本质上可看作是在对已有交通状态时间序列的分析基础上,向之后若干时间单元的状态推断。城市拥堵预测的研究是以时间序列分析方法为基础,考虑交通状态模式特征,应用多种方法,逐渐从短期预测发展到长期预测,从单点的状态预测到网络状态预测,交通拥堵预测的研究整理如图 5-3 所示。

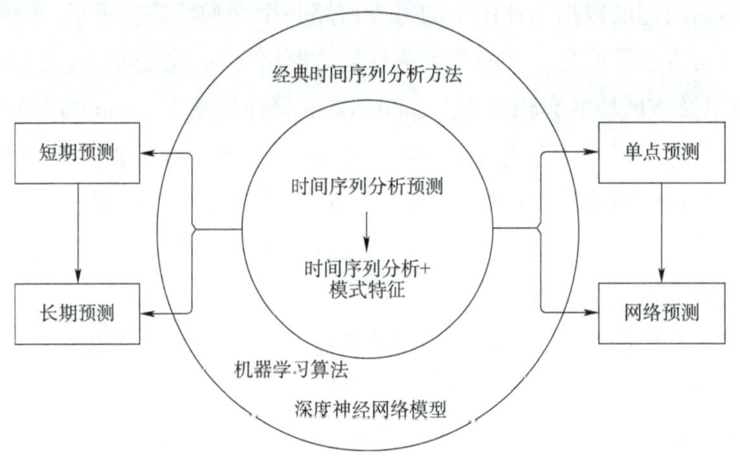

图 5-3　交通拥堵预测的研究整理

各种各样的模型和方法被应用到城市拥堵预测的研究中。处理时间序列的自回归模型及神经元模糊模型曾用于对地理单点的短期交通流预测,Wang 等将贝叶斯组合方法也应用其中。机器学习算法在短期预测中得到了广泛的验证,深度学习的实践也在不断加强中。学者们发现长短期记忆网络(Long Short Term Memory,LSTM)模型在时序预测上有较好的优势。Ma 等基于递归神经网络架构,通过一个深度受限玻尔兹曼机模型学习 GPS 数据,对路网交通拥堵进行了演化预测。Hu 等提出了一个城市交通仿真模型来进行交通拥堵的预测和避堵实验。由于交通拥堵具有传播性特性，Chen 等考虑了相邻时间内城市交通会有相似的拥堵模式，将此特性融入短期拥堵预测中。Guo 等提出了一个端到端的深度学习模型进行交通数据预测，该模型兼顾了交通数据的时空特征。2019 年以来，自编码器模型和动态图神经网络模型也被应用到交通预测领域。

综上所述，多种数据源和多种数据分析与挖掘的方法被应用到城市交通拥堵的探测和预测的研究中，但是对城市路网交通状态动态特性的研究有待进一步深入拓展。早在 2009 年，段后利等就提出了一种新型的大范围交通状态观测分析方法。他们指出城市网络交通系统是由海量交通参与者的复杂动力学行为构成的高度非线性非平稳的复杂系统，存在丰富的非线性动力学特性和自组织时空有序形态，准确地观测和分析城市道路网络实时交通状态，是实现对城市交通系统的科学管理和有针对性控制的先决条件。文章用伪色彩图来表示大范围路网宏观状态，更直观和生动地实现了对路网宏观状态的描述，易于交通管理者和使用者理解，也便于利用图像处理的手段，进一步进行交通状态分析和交通模式提取。其基础是路口点上的交通状态，通过逐点内插法进行交通状态插值，从而获得路口与路口之间区域的状态值。基于图像分割法分析不同的交通状态，然后基于光流场算法，提取各类交通状态区域的发展演化模式。

第二节　城市交通拥堵的传播

城市交通拥堵传播是城市交通动力学行为研究的一个重要内容，也是城市交通网络复杂性的体现，拥堵传播的动态规律，影响拥堵传播的因素均得到了多方面的研究，以期能够对城市交通实施高效的控制，从而实现交通拥堵治理。交通拥堵的传播不仅与城市交通路网本身的拓扑结构特征有关，还与城市基础设施规划有关。关于这方面的研究多采用实地观察和仿真两种方法，实地观察不适合研究大范围的传播规律，因此仿真是最主要的研究方法。

考虑到城市交通本身具备复杂系统特点，复杂网络理论被应用到交通拥堵传播的研究中。李树彬等通过仿真证实了交通网络拓扑结构对拥堵传播有较大的影响，并基于事故网格仿真交通拥堵的形成和消散，首次提出了“树控制”策略缓解交通拥堵。高自有等从点拥堵-线拥堵-面拥堵三种类型形象地描述了交通拥堵在空间上的变化特征，并用元胞传输模型构建交通传播模型，并研究了事故对拥堵传播的影响，以及拥堵消散的控制策略。改进的元胞传输模型还可以仿真模拟出突发事件给城市快速路带来的拥堵演化场景。

城市交通网络拥堵传播的动态性与传染病的传播有类似性，因此传染病模型也常常被用于分析拥堵的动态演化过程。张俊峰等构建了改进的传染病模型，通过仿真，证明在不同交通状态下，即畅通和拥堵状态平均传播时间的比值对拥堵传播的影响存在阈值。疾病传播理论还用于构建管控策略预判模型，以监控网络中的关键节点。

随着数据挖掘与可视化技术的发展，越来越多的数据和方法用于研究交通拥堵传播，相对来说，可以克服仿真研究方法中假设和参数设置过于理想化的问题。拥堵马赛克时空图是吴琰飘等基于速度延伸判别指数构造出来的，依据矩阵法绘制规则，可以研究拥堵和消散的规律特征。基于交通流实测数据，韦伟等通过改进的 PLS-STAR 模型，对偶发拥堵的时空传播结构进行描述，提出偶发拥堵的直接和间接时空传播效应。周辉宇等研究了拥堵路段向相邻路段扩散拥堵的特性，即拥堵在路网中向外扩散的模式。通过时间序列规则挖掘算法建立交通拥堵传导规律模型，基于传导规则预测未来交通流状况；将挖掘出来的拥堵传导规则用于建立拥堵预警防治机制，完善道路路网建设规划中不合理的部分，从而达到提升交通效率的目的。指出容易拥堵的路段，进而挖掘出交通拥堵在道路路网中传递的机理规律，并将这些规律统一整合，建立时间序列的拥堵传导模型，实现交通状况的预测。通过时间序列关联规则的挖掘，挖掘时空相关性，统计事件流的频繁度。为了更深入地了解拥堵内在原因，揭示拥堵区域之间的关系，基于出租车轨迹数据和区域地图网格，提取拥堵传播事件，通过计算网格的关联置信度，锁定拥堵传播源，揭示拥堵演化规律。

综上可知，对于交通拥堵传播，已经不仅仅依赖于仿真方法了，数据科学的方法也逐步应用其中。数据科学的方法使得对城市交通拥堵传播的规律和原因的理解更加深入，研究涉及的地理范围越来越广。

第三节　路网交通状态的演变

城市交通与居民行为息息相关，尤其是通勤行为，因此，从微观个体上来看,其交通需求存在一定的随机性,但是从宏观整体来看,城市交通状态的变化具有时空规律性。当前,学者们主要研究在城市自然和人文条件的约束和影响下,城市交通表现出来的拥堵异质性、动态传播性,及时空状态模式。

城市交通拥堵的异质性有空间异质性和方向异质性两种。空间异质性,是指在同一时刻,城市的不同地理区域,路况具有差异性。方向异质性是指在同一路段的两个方向上,呈现不同的路况。Kartika 应用浮动车轨迹数据,对轨迹的分布区域构造核密度函数进行密度估计,从而分析空间异质性识别城市区域交通状态模式。而 Yang 等处理地感线圈获得的速度和密度数据,集成速度-密度矩阵,利用张量分解的方法得到特征向量,然后通过聚类算法,来揭示空间异质的城市交通状态模式。Wang 等深入研究了交通拥堵中关于方向异质性的依赖。文章中考虑了方向权重的差异性后,提出了复杂网络和交通流模型的差异化指数。数值实验的结果表明,差异值决定了拥堵的程度;在重要区域,当其网络存在差异化时,拥堵的程度会由于差异性而加大。双向车道的异质性引发了学者对车流行为和速度相关性的研究。针对方向异质性,潮汐车道的设置应运而生。潮汐车道是一种可变车道,是指在不同时间内,变化某一双向车道上行驶方向上的交通控制方式,通常安排在交叉路口,利用交通灯,结合大数据等技术来进行潮汐车道的控制,从而实现城市道路自我调节功能,最大限度地利用现有城市交通基础设施。

城市交通拥堵的传播特性可以体现出交通拥堵区域的动态变化,研究者们主要研究交通拥堵传播现象的表达方式。为了准确识别区域交叉路口的交通状态,施佳呈等构建了交叉路口拥堵传播规律挖掘模型。Yong 等基于协作博弈,研究交通拥堵传播的关键值。该协作博弈的双方是网络中的个体和交通拥堵中的出行者决策行为,模型描述了交通网络中拥堵传播的过程。文章还构造了一个仿真模型去分析道路网络结构和节点度分布情况对交通拥堵的影响。Saeedmanesh 等之前考虑交通网络中的聚类问题,主要是基于某一时刻的静态交通状态聚类。但是交通是随时间变化的过程,它需要在时间和空间两个维度上去进行分析。

城市交通拥堵时空模式的研究是探索拥堵在时间和空间两个维度形成和演化的特点描述方法。交通现象复杂多变,Xu 等利用浮动车数据,基于数据立方体来进行拥堵模式探索。这个研究不是对交通数据的数值统计,而是通过对

时空特征的分析来度量交通拥堵。文章首次分析了低速路段的时空关系,用以识别交通拥堵事件。它将不同水平的时空模式进行了聚类,以呈现不同的拥堵模式。Rempe 等考虑了交通网络中的拥堵分析。由于基础设施中存在瓶颈和相似的通勤模式,那么城市交通网络有类似结构的位置会拥堵。文章使用五个月的浮动车数据,采用了确定拥堵聚类的方法,以呈现整个网络的拥堵水平,并从统计学角度探索了不同类之间的联系,从而为潜在的交通预测估计奠定基础。Salman 等通过马尔科夫链模拟交通流量分配,以优化交通状态模式,从而减缓整个路网拥堵。如果使用基于代理的仿真迭代分配的方法,这些方法不能满足智能网络设计系统的策划者需求。Salman 等提供了一个二进制非线性的模型来优化道路交通状态模式,最大化车辆密度,然后通过遗传算法来进行分配求解,从而得到一个对时间敏感的辅助决策应用。Kohan 等通过物体的轨迹数据产生的交通流模式来发现交通拥堵,将高交通流模式与交通拥堵进行了联系。Song 等主要完成的工作是对在线地图的实时交通数据进行时空模式探索,并通过多源数据结合去探索交通拥堵的潜在成因。获取了在线地图的实时交通数据后,将 KMeans 聚类算法应用到拥堵道路的时空分布区分中。然后对每一个时空模式,通过地理探测器来挖掘潜在因素。结果显示建筑物高度是早高峰时期一个最强的影响因子。而医院、景点、就业活居住区周边的绿地无论是高峰期还是非高峰期,对周边的交通都有影响。在区域交叉地带,公交车站的数量会对晚高峰早期拥堵有一定影响。Zhao 等则通过大数据技术,对北京近年发展过程中的交通拥堵模式演变进行了研究。

综上所述,城市交通状态时空模式的研究在当前主要是结合交通流数据,进行时空维度的特征描述,可以进一步尝试研究交通规律背后的潜在特征。

以上从交通状态探测、拥堵传播和路网状态演变三个角度,对城市交通状态研究进行了梳理,可知,以交通流理论为基础,在交通数据采集和处理技术不断发展的驱动下,城市交通拥堵的探测和传播的相关研究都有了进展,完成了:

(1)对城市交通局部范围内拥堵传播特性的学习,并通过模型表达了该特性;提出了交通状态存在时空异质性,展开了相关时空模式的学习。

(2)探究了交通拥堵的形成原因,根据拥堵发生是否具有偶然性,将其分为突发性拥堵和常发性拥堵两类。由于常发性交通拥堵与城市居民通勤行为密切相关,具有较强的时空周期性,对其的研究会促进城市交通长远发展。

(3)对交通拥堵的探测已经有了较多的成果,通过各种数据能够准确探测交通状态并与地理信息系统结合,生成了应用于导航实践的实时路况地图。

但是存在着以下几个问题:

(1)对城市交通进行系统而科学的合理规划需要从全城角度去研究整体交通状态特征和规律。在城市拥堵特性的研究上,由于数据采集技术及经典交通流模型的局限性,现有的多为局部、小地理范围内的研究,对城市交通规划和管理人员来说,需要城市范围的研究。城市范围的研究可以帮助他们更加系统地看待整个城市的交通状态,避免局部调整引起大范围城市拥堵新问题,全局的掌握会帮助城市交通管理者更理性地进行交通规划决策。

(2)对城市交通拥堵变化的探测和规律把握更显重要。由于城市交通是动态的、随机的、受多因素影响的(如天气、道路施工、演唱会等),对其预测虽然很重要,但是往往准确度会有一定受限。从空间管理角度,城市路网中的每一个路段交通状态综合决定了路网整体交通状态,如果可以快速锁定对整体交通状态变化有较大影响的区域,也可以帮助更好地协调城市交通管理资源,提高城市交通管理效率,改善城市交通环境。而对城市交通规律的研究上,局部的拥堵演化已经不足以支撑整个城市交通的管理,更多地需要探索整体城市交通状态的变迁,探索引起交通状态变化的因素及治理方法,提升智能交通管理的水平。

(3)对城市交通拥堵治理的研究,在交通易堵资源上单单考虑道路资源是不够的,这样会造成车辆在通行道路上时间节约了,但是到了服务站点需要等待。为了更好地进行相关优化研究,需要进一步深入车辆服务场景化,利用导航的车流引流疏导功能,避免区域拥堵加剧。交通拥堵的研究主要限定在交通基础设施的供给及城市车流对交通基础设施的需求这两个角度,很少考虑车辆使用过程中,车辆的常规行为对相关服务资源的需求,如能源补给行为对加油站或充电桩的需求。应在原有研究的基础上,结合车辆行为需求和已知的城市路段交通状态,研究利用在线导航系统,引导车辆避开拥堵区域,实现主动缓解拥堵的方法。

(4)城市交通的融合数据可以用于城市交通管理研究。单一的定点传感器数据和移动数据对城市交通的研究来说,都有一定时空上的局限性。将多种源数据融合,可以避免单一数据带来的误差,因此,应考虑将多源融合数据应用到交通管理的相关研究中。

综上所述,城市拥堵会给城市的经济环境、自然环境和城市运作造成负面影响,更深入地了解和掌握拥堵变化规律是智能化交通管理实现的必然需求。当前交通管控措施多是从交通资源管控的角度出发,随着城市交通脉络逐步智能化,人们对在线导航系统的使用习惯和依赖性增强,该系统的交通智能引导作用应得到重视。应借助在线导航系统,调整车辆行为,从车辆管控的角度出发,主动避开拥堵区域,减少拥堵的影响。

第六章

CHAPTER 6

智慧城市交通拥堵的治理方法

智慧城市交通拥堵的治理是交通科研领域的一个重要命题。应利用传感器、物联网技术尽可能多地感知城市交通，通过大数据、人工智能、区块链等方法更好地掌握交通变化规律，改善和优化交通管理，下面从交通信号控制、重点路段监测、路网交通资源分配和城市交通状态时空演化分析四个角度整理和分析拥堵的治理方法。

第一节 交通信号控制

十字路口是两条道路交叉形成的地带，在传统交通流理论体系中，十字路口占有一定独特的地位，为了提高安全通过率，往往会设置交通信号灯进行控制。我国交通管理局关于交通拥堵的定义与交通信号灯管理状态有关，其中，若交叉路口没有交通信号灯管理，该交叉路口处的道路上堵车长度将超过250m；若交叉路口有交通信号灯管理，但是三次路灯显示通行，车辆却不能通过路口，则该路口就是拥堵路口。关于交叉路口交通信号的现有研究主要有三个方向，即交通信号控制系统、交通信号识别和交通信号区域协调，如图6-1所示，它们分别从控制系统、标志识别和动态协调机制三个角度展开研究。

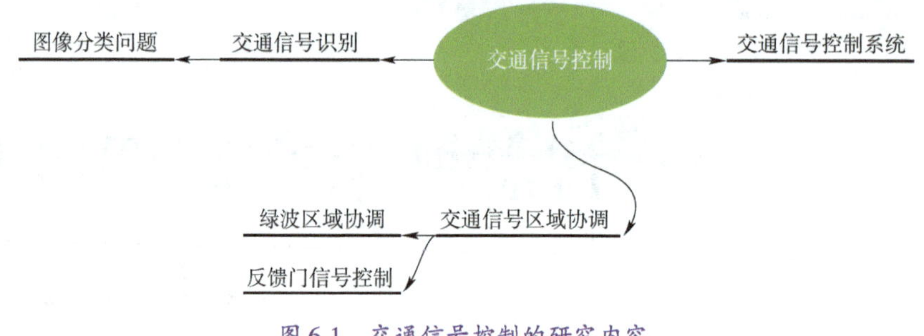

图6-1 交通信号控制的研究内容

一 交通信号控制系统

交通信号控制系统是一个控制交通信号灯的信息系统，交通信号灯的控制功能的实现和优化是其研究内容。要实现对信号灯进行智能控制，首先，需要解决信号灯变化的阈值确定这一问题。Ahmed等讨论了一个独立处理各种拥堵的交通控制系统，使用区域探测数据（如定点摄像头数据）来确定来往道路的边界条件,传递信号优先权和下游阻塞条件。随后,Araghi 等第一次将先进的 cuckoo 搜索优化算法应用到智能控制器的参数优化调整中,使用了两个智能控制器,分别是神经网络和适应性神经元模糊 Inference 系统,以 Q-learning 和定时控制器为基线进行效果比较,对网络中的交通信号进行优化。

当下,城市交通信号控制系统已经是城市公安交通指挥系统中的一个重要系统。该系统采用了先进的算法和控制技术,将交通指挥系统所能获取到的摄像头图像、视频等数据转化为交通信息,通过控制交通信号灯的等待时间,实现排队车辆平均等待时间的降低,从而提高路网总体通行效率,降低交通能源消耗。该系统实现了自动协调和控制整个控制区域内交通信号灯的配时方案,均衡路网交通流运行,使停车次数、延误时间及环境污染减至最小,充分发挥道路系统的交通效益。

二 交通信号识别

十字路口是交通信号集中设置的位置。交通信号包含指挥灯信号(即普通红黄绿灯信号)、车道灯信号(即带有箭头的红黄绿灯信号)、人行横道灯信号、交通指挥棒信号和手势信号(交通民警的指挥信号)五种。交通信号识别问题常常转化为图像分类问题,这一方面的研究主要是针对自然光环境下,交通信号呈现出来的光学特点,解决如何提升信号识别的问题,多为算法研究。

图像的特征被认为对翻转、光线变化有鲁棒性,局部特征采集常用方法有方向梯度直方图(Histogram of Oriented Gradient,HOG)、小波密度和尺度不变特征变量(Sacle-Invariant Feature Transform,SIFT),常用分类器有支持向量机(Support Vector Machine,SVM),K-dimension 树和随机森林,而 Boosting 也被用来提高识别性能。自 2012 年后,卷积神经网络在该领域也得到了应用。

相对来说,基于计算机视觉的智能交通信号控制还是一个研究较少的领域,Kumaran 等提出了一种基于交通流量的智能信号定时新方法,通过使用时间未知增量聚类模型对移动车辆的光流特征进行时间聚类,用接近道路的集群计算来完成路口的信号定时,得到路口较好的平均等待时间和吞吐量。

三 交通信号区域协调

交通信号区域协调控制是智能交通管理领域中的一个核心研究问题,目标

是通过分析区域路网内的传感器数据来估计各个交叉口信号灯控制参数，该研究与区域空间覆盖度及协调系统体系有关。

平峰期间，绿波协调控制是城市干道交叉口信号控制最常用的方法，是针对社会车辆采用的协调控制策略。通过综合社会车辆路段行驶车速、交叉口距离等因素对信号配时的相位、相序进行优化配时，使行驶在主干道协调控制交叉口的车辆，可以连续不停车通过多个交叉口，减少停车次数以及缩短行程时间，提高机动车辆的通行效率。绿波带的问题是属于交通信号配时优化的问题。该优化提高了社会车辆的通行效率，一定程度上缓解了交通拥堵，但是也影响了公交车的通行效率。曲大义等分析了绿信比参数和公交运行速度对公交车交叉口延误的影响。

马晶晶等提到了一种交通管控的技术——反馈门信号控制技术。该技术是一种通过对区域驶入车辆实施总量控制，对区域内道路车流量进行实时动态调控以达到均衡区域内道路交通负荷，进而缓解区域交通拥堵的手段。其协调体系除了涉及交通数据采集和分析系统外，还包含了交通诱导信息系统。在实施过程中，通过采集区域内交通流量、速度等参数，在数据校验、融合后对区域内交通运行拥堵程度进行判别，并得出控制阈值。当区域内交通流量接近饱和时，对区域周边交叉口的信号控制进行实时的动态调节，同时利用诱导系统发布交通诱导信息，引导车辆绕行拥堵路段，控制进入区域内的交通总量。监测数据是基础，“反馈门”的运用需配合交通诱导系统同步进行，致力于实现高峰期中心城区交通流量的均衡化。借助流量检测器自动检测区域内车流运行状态，当车流饱和度超过预设的阈值时，反馈门信号控制系统被激发，并生成新的信号灯控制配时方案，动态调节区域边界对应路口的信号控制灯。路口布置道路 LED 诱导屏，及时发布区域内拥堵信息，并诱导过往车辆绕行。

第二节　重点路段监测

城市的交通方式多样、路网复杂、居民出行需求量大等因素给城市拥堵问题的解决带来了困难。在庞大复杂的城市路网中，锁定重点拥堵路段展开交通疏导，是常用的交通管理方式。对交通状态重点监测路段的选择，大多数学者和交通运营管理者首先想到的是交通瓶颈设施地段，如桥梁、隧道，和立交桥的匝道出入口,以及拥堵频发的十字路口。然而,交通拥堵不仅仅发生在这些交通设施附近,另有一些设计欠合理的交通组织项目,比如不恰当的信号灯设置,不合理的交通标识,也会带来不必要的拥堵,另外,长期处于修建状态的道路工程会长时段地影响道路的通行效率,成为影响交通网络正常运行的一个关键路段。这些路段是交通状态监测的重点对象,它们是由于交通道路拓扑结构、交通管控措施以及交通工程,对城市道路交通状态易发生影响的路段。但是,城市交通状态的外在影响因素很多,比如居民的通勤行为、车辆的驾驶行为,以及天气等,这些种种原因使得交通从间断性局部时空来看,是随机的,而从连续性整体时空来看,具备一定的规律性,也意味着,交通时空状态的变化存在一定的规律性。

钟德友指出,多中心组团式城市布局和汽车保有量快速增长带来的交通需求增长远大于路网供给的增长不是关键堵因,关键的拥堵原因是在公交车路权优先缺失条件下,重庆主城核心区早晚高峰期车流中低乘载率的轿车占比太高,挤占了极为紧缺的城市道路资源,致使公交车载客量大、最能高效利用道路资源的优势不能有效发挥。

对于重点路段的定义和确定方法都有很多种。常见的重点路段是指常堵路段或拥堵严重的路段,容易被忽略的是对城市整体交通状态影响大的路段。

一 寻找常堵路段或拥堵严重路段

城市拥堵地段的探测一直以来都是城市交通研究领域的热点,主要的研究是结合两个问题,一是拥堵地段的发现;二是交通事件或事故的发生。学者们探索拥堵的方法多种多样,从模糊逻辑,偶发拥堵探测,到简单多普勒频率转换,到深度残差网络模型 Traffic Net。然而,这些研究的目的是探测到城市交通网络中的拥堵地点或判断引起交通拥堵的交通事故的发生,这实质是对既有状态的识别,在城市,交通网络中有数以千计的拥堵点,而且这些拥堵点还是不断发生随机变化的,即使学者们不断倾力于提高探测的准确度和速度,分析这些数量多且分散广的拥堵点也是一个非常耗费时间的任务。这里期望能够对这些拥堵点进行分级管理,重点关注那些能引起整个城市交通状态变化的地段,以减少道路管理的工作量。目前还没有展开这样的研究工作,这一研究是对现有拥堵探测研究的延伸，在拥堵探测研究成果的基础上，将该成果进一步进行分级量化管理。

二 寻找对城市路网交通状态影响大的路段

在一个城市路网中，每个路段都会对路网的交通状态有自己的贡献，如果能找到对整体路网交通状态变化起到决定性作用的路段，那么这些路段也应该得到重点监控，因为对这些路段交通状态的有力控制，可以控制全城路网交通状态的变化。这里称对城市路网交通状态影响大的路段为关键拥堵路段。关键拥堵路段的定义就决定了，要找到关键拥堵路段，需要对两个数据进行处理，一是路段交通状态，二是与路段交通状态同步的城市路网交通状态。

对于大城市或超大城市，其路网网络结构复杂，如果采用常规判断交通状态所用的数据，如路段平均车速，其计算量会非常大，数据量值区间复杂，难以确定城市路网整体的交通状态。为了将问题简单化，应考虑寻找一种数据，通过简单的数值表示路段的交通状态。在我们日常生活中，电子实时路况地图中的路网像素色彩恰恰是这样的数据。电子实时路况地图实现了城市地理信息和交通状态的融合，它以路网像素色彩为研究对象，以城市整体路网为研究范围，基于大规模特征约简算法，通过既有的路网交通数据来识别关键拥堵路段，为快速交通路网管理决策提供理论支撑。

（一）基于双射软决策系统和 BSSReduce 算法获取关键拥堵点

获取城市路网中的关键拥堵点，需要对能够体现整体路网交通状态的数据进行预处理，可以基于双射软决策理论，通过规则运算来完成关键拥堵点的提取。具体的处理步骤有以下五步。

1. 电子地图交通状态数据的转换

在线电子地图数据是一种特殊的社交媒体数据，它可以提供路段的平均速度、交通拥堵指数等交通状态数据，在交通问题的研究中得到应用。数字地图，以车辆 GPS 探测数据、移动终端 GPS 数据等多源数据作为坚实基础，被应用在交通状态估计上。Gilman 将它作为一种信息来源，实现基于上下文的驾驶辅助系统。He 等提供了一种简单的方法将电子地图转换成一系列同质单元格。他将融合的 GPS 数据映射到这些单元格后,可以根据时序判断出这些数据包含的运动方向信息。然后,他构建了一个交通图,该图的单元格色彩是由格子中车辆速度来决定的,从而呈现出主要的拥堵区域和相应的交通瓶颈。数字地图中的实时交通状态,即道路像素色彩,蕴含着交通时空信息。

在导航系统中常用的电子实时路况地图是一种特殊的电子地图,它是交通状态时序数据与地理信息数据融合的结果。谷歌地图、百度地图和高德地图,这些常用的电子地图都提供了实时路况展现的功能。它们以道路像素的色彩来展示实时路况,通过色彩就可以显性获知城市实时交通拥堵状态。地图中色彩包括红色、黄色和绿色,不同的色彩对应着一定的路段平均速度区间,RGB 色彩与拥堵程度的对应情况见表 6-1。电子实时路况地图会在固定时间间隔进行交通状态信息更新,这个更新间隔没有统一要求,有的地图是每 1.5min 一更新,有的是每 3min 一更新。实时路况地图的实现技术,是在城市地理信息电子地图基础上,叠加了一层路况色彩层。它很好地保留了城市交通时间和空间的分布特征,将城市中的道路路段都与图中像素一一对应,解决了关键拥堵路段识别中的一个重要问题,即部分路段与整体路段交通状态在时间片上的对应,避免了采用其他数据研究时会出现的时空错层。这里路段的定义不同于传统路段定义。传统交通领域,路段通常是指交通网络上相邻两个节点(路口)之间的交通线路,对交通的研究常常区分为路口和路段。这里的研究是基于电子实时路况地图展开,一个路段是地图中道路像素的一个像素,其覆盖范围均匀,是构成地图中路网的最小单元。传统路段在实时路况地图中是由多个像素组合而成的,因此对应含有多个路段像素。以路段像素代替路段展开交通状态研究,能进一步细化交通状态研究的粒度,传统路段可能会呈现多个交通状态。

RGB 色彩与拥堵程度的对应情况 表 6-1

拥堵程度	红色	绿色	蓝色	对应的速度(单位:km/h)
拥堵	>170	<100	<100	$<s_1$
缓行	>210	[150,220]	[20,100]	$[s_1, s_2]$
畅通	{23,79}	{191,209}	{0,125}	$>s_2$

注:表中s_1、s_2与道路的类型有关。

路段的交通状态是路段路面交通的状态,通常分为畅通、缓行和拥堵三种

状态,由速度、交通量及密度三个变量来确定的。国际上没有对交通拥堵形成统一的定义。各个国家根据这三个变量制定了自己的交通拥堵指数,多以自由流通过时间和实际通过时间之间的差值为参考。日本 1994 年规定,一般道路拥挤长度 1km 以上或拥挤时间 10min 以上为交通拥堵,高速公路上以车速 40km/h 以下低速行车或反复停车、起步的车列达连续 1km 以上,并持续 15min 以上为拥堵;美国道路通行能力手册对城市干线街道服务水平的等级划分中,将车速为 22km/h 以下的不稳定车流称为拥堵车流。我国对拥堵路口的定义是:车辆在无信号控制的交叉路口的车行道上受阻且排队长度超过 250m,或车辆在信号控制的交叉路口 3 次绿灯显示时间内未能通过路口的状态定义为拥挤路口。路段的交通路况根据不同等级道路的平均速度主要分成三个等级,如图 6-2 所示。

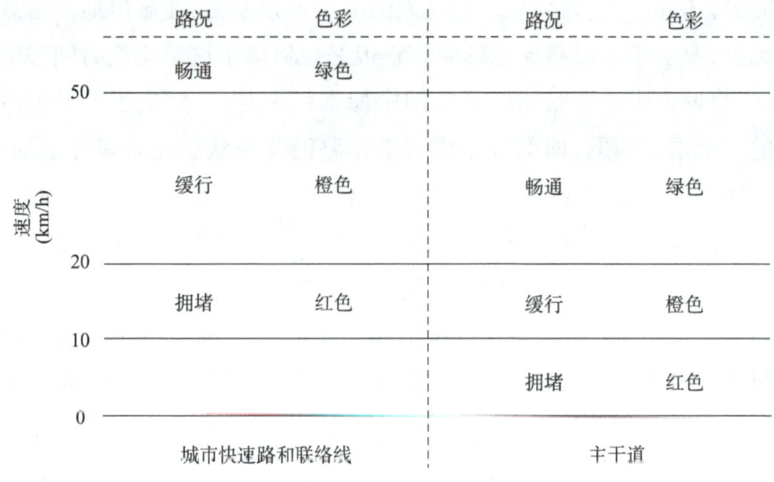

图 6-2　路况和色彩与道路类型和平均速度的对应示意图

(1)畅通:城市快速路和联络线平均速度高于 50km/h,主干道平均速度大于 20km/h。

(2)缓行:城市快速路和联络线上平均速度高于 20km/h,低于 50km/h,主干道的平均速度高于 10km/h,低于 20km/h。

(3)拥堵:城市快速路和联络线上平均速度低于 20km/h,主干道的平均速度低于 10km/h。

Ferreira 等将纽约出租车轨迹数据中的速度数据与地图匹配,提出了用像素的色彩来表现路段的交通状态，红色表示拥堵，橙色表示缓行，而绿色表示畅通，从而实现了城市交通数据的时空可视化，并通过了主观感受性实验的验证。这种交通状态的呈现方式已经在电子导航体系中得到了广泛而有效的应用。这里的研究是基于这样一个共识：电子地图上的路段像素色彩变化可以表达路段交通状态的变化，是路段交通状态离散化的表达。透过这些像素色彩变化的规律，可以挖掘路段交通状态的变化规律。

基于这样的一个路段定义，这里也重新给出了对应的城市路网定义。传统城市路网即城市道路网，是指在城市范围内，由各种道路组成的相互联络、交织成网状分布的道路系统，包含了各种干道和区域性道路的范畴。在电子地图上，城市道路网就是一系列相连的像素块。像素块的边缘和形态可以体现出道路的布局和类型，像素的色彩体现路段的交通状态。这里的路网正是电子地图中涉及的城市道路像素网络，由表示路段的像素构成。路网的交通状态是各个路段交通状态的综合体现。

各个路段在不同时刻的交通状态是不同的。在 t 时刻，第 k 段路段的交通状态情况可以由三维向量（C_k^t, x_k, y_k）表示，其中，C_k表示第 k 段路段交通状态对应的色彩值，x_k，y_k表示该路段的位置，用的是路段对应像素的坐标，t 为记录的时刻。对于 t 时刻，路网的交通状态，用集合 $\text{Roads} = \cup(C_k^t, x_k, y_k)$ 表示，其中 $k \in [1, N_{\text{roads}}]$。这里对路网大小不作设定，可以是电子地图中的所有道路，也可以是部分道路，由 k 值的大小决定。

电子实时路况地图中道路像素色彩可以反映相应路段的交通状态，这一特点使之成为研究关键拥堵路段的合适数据。

关键拥堵路段的识别，根据关键拥堵路段的定义，实质是挖掘局部路段与整体路网交通状态之间的关系。电子实时路况地图可以根据交通状态研究的需要调整尺度，得到相应的整体路网状态，路网中各个路段与图中道路像素一一对应，即局部路段的状态也在图中。

谷歌地图、必应地图，以及 CityMapper 这样的在线电子地图，综合了多种数据，持续生成实时全城交通状态数据，这类在线交通数据服务给城市生活带来了便利，而且这些数据是公开、实时的，在线地图服务商们将其与地理信息结合呈现在地图上，展现出带有时空特性的城市交通状态。这里将城市交通网络映射到电子地图中，定义一定大小的网格，整个城市的地图拥有数百万个单元的

网格,而这些网格中的单元与一定的地理位置相对应,例如一个 3600m^2 的区域。这些网格的最小单元被称为“点”。在线电子地图将实时交通路况以每个点的色彩展现出来,常规地,以红色表示拥堵,黄色表示缓行,而绿色表示畅通。如果有方法能够在城市范围中,快速找到这些影响全市交通状态的点(本书将这些点称为“关键点”),管理者就可以针对这些锁定的交通拥堵关键点,快速分析拥堵原因,从而提高城市交通管理效率。由于电子地图是城市地理信息的综合呈现,现有文献已将其作为研究基础,应用于城市交通的研究中,但是却没有使用电子实时路况地图中道路像素色彩作为研究数据的,这些色彩代表着路段像素当时的实时交通状态,识别色彩即识别了当时的交通状态,基于不同空间位置实时反映交通状态的变化,进一步分析影响城市交通拥堵的关键点,即要从电子地图的像素点中找到影响全城交通的这些关键点。

这里将利用电子地图数据来发现并度量这些关键拥堵点,这样就将关键拥堵点的计算归结为一个特征约简的问题。面对电子地图大量的像素点,以像素点为特征维度,就可以将每一幅地图对应转化为一个高维特征向量,关键拥堵点就是要找到这些特征中,影响整体向量变化的特征维度,因此将关键拥堵点的计算定义为是一个高维特征向量数据的特征约简问题,并应用了一种新的、高维特征选择算法——BSSReduce(Bijective Soft Set based feature selection),相应地,即将 BSSReduce 应用到以像素色彩特征和全路网状态构造的双射软决策系统中,即基于双射软集合理论构造的决策系统。

系统中,有两个一一映射关系,一是路段与电子地图中的道路像素点形成的一一映射关系,二是路段的交通状态与像素点色彩形成的一一映射关系。视道路像素点构成的集合为论域,则路段与像素点、路段的交通状态与像素点色彩就形成了双射软集合。

若将像素点视为参数变量E_i,像素色彩为F_i,那么像素点符合双射软集合中决策参数的独立要求,将整体路网的状态作为决策变量,即可构成了一个双射软决策系统,从而构造出了局部和整体之间共存的关系系统。道路像素点状态与整体路网交通状态之间存在依赖关系,整体路网是由一个个道路像素构成的,其整体交通状态与每个道路像素点都有联系。

基于双射软集合决策系统中决策变量与参数之间的依赖度,可以完成参数约减工作。也就是说,如果存在部分参数的集合,其与整体参数集合和决策变量之间的依赖度一样，说明这些参数就可以代替整体参数集合，那么将这些参数称为是整体参数集的约简。

衡量某参数对决策变量的重要度，可将参数集合中去掉该参数后，计算决策系统依赖度的降低程度。这个软集合重要度的定义与路段拥堵贡献度一致，可以用类似的方法定义路段拥堵贡献度，即计算去掉该路段的交通状态后，计算路网拥堵状态的变化值为路段拥堵贡献度。

2. 对问题的定义和假设

结合使用的数据及研究目标，对要解决的问题进行定义和假设。

将任意时刻的实时交通状态图看作一个实际用例x_i，观察期内的实时交通状态图序列即构成集合论域 $U=\{x_1,x_2,\cdots,x_n\}$。该实时交通状态图被统一分割为同一规格的格子，将每个格子单元视为图片的特征维度，假设 F_e 表示整个图片的特征，其中其元素$a_{i,j}$表示在 i 行 j 列的单元格的单个特征，而对一张图片而言，单元格的最小单位为像素，这里就以像素为单位来观察图像的特征。同时，设整个图片对应的城市整体路网拥堵状态为决策变量 G。则元组(F_e,G,U)就可以代表用以描述所有格子与整体拥堵状态之间关系的信息系统。然后，我们原来的目标就可以描述为，从众多格子特征中去寻找某些特征集，该特征集能够代表该时刻所有格子的特征，由于每个格子都是图片的特征维度，这就相当于从整体所有特征维度中找到一个约简集，这个约简集与整体特征维度包含相同的拥堵信息量，进一步，将考虑问题锁定为一个特征选择问题。也就是说，通过对信息系统(F_e,G,U)的信息约简去获取最影响交通拥堵的点。为了简单地描述这个问题，假设 $key\subseteq F_e$，且 γ 是度量两个特征之间知识依赖度的依赖度方程。如果 key 满足以下两个条件：

(1)$\gamma(F_e,G)=\gamma(key,G)$，即在与决策变量 G 的依赖关系上，key 可以代替 F_e 形成一样的依赖效果。

(2) $\forall e\in key,\gamma(F_e-e,G)<\gamma(F_e,G)$，即对于 key 中的任一元素，如果去掉这个元素，F_e 和 G 的依赖度就会降低，也就是说，key 中的元素缺一不可。

则 key 将被称为是元组(F_e,G,U)的拥堵关键点集合，它不包含那些多余的特征(也就是像素)。如果 key 的体量很小，管理者就可以快速梳理整个城市的拥堵问题。因此，确定 key 的计算是一个典型的特征约简问题。

粗糙集常常被用于处理特征约简问题，学者们努力降低其处理的时间复杂

度。Yang 等为了降低时间复杂度,提出了增量策略;Li 等部署了一个分而治之的方法;Dai 等使用区分矩阵来进行约简。Thuy 等基于信息熵和去除商集的不一致决策表,提出了一种新的约简方法。然而,这些算法的计算时间复杂度依然很高。一些进化算法,比如蚁群优化算法、飞蛾火焰优化算法,以及二进制蚱蜢优化算法,都被应用到特征选择领域,然而,对大范围高维数据,这些进化算法的时间复杂度无法满足应用需求。Raza 等在 2016 年提出了一种增量依赖度的计算方法,减少了很多计算时间。然而,传统方法的复杂度满足 $O(|U|^x|C|^y)$,其中$|C|$是属性或者特征的个数。这些方法的计算时间都是通过用例和特征数量的平方或更高幂次来计算的,面对高维特征数据,无法应用到在可接受时间范围内解决问题。龚科等提出了一个名为 BSSReduce 的算法,其时间复杂度为 $O(|U|)$,可应用于迅速处理超大范围和超高维度的数据。然而,BSSReduce 被应用于通用特征选择问题,当问题的维度超级高的时候,该算法用于搜索特征的过程是非常耗时的。在这里的问题中,数据是稀疏且高维的,因此,这里进一步优化 BSSReduce 算法,基于它将特征分级,在问题中形成更为适用于解决本问题的快速方法。

由此可知,经过学者们的努力,特征选择的计算复杂度已经减至 $O(|U|)$,使得特征选择方法可以用于处理大范围高维数据。然而,对于最新的特征选择算法 BSSReduce,仍然有优化空间去处理高维稀疏数据。结合关键拥堵路段寻找的问题,数据是高维稀疏的,可预先对数据进行分级处理,然后构建一些新的双射软集合的概念和属性,以形成一个改进的 BSSReduce 算法。实例研究显示该改进的 BSSReduce 算法比原来的方法计算起来快 15 倍。这个改进的 BSSReduce 可以用于处理高维稀疏数据,比如文本分析和基因序列分析。

数字地图应用持续公开提供的实时交通状态图提供了一种新的时空数据。该数据将城市拥堵状态始终描述为像素级别的图像数据。这里使用这些数据提取出来的时空序列作为专家系统的输入。

3. 识别城市交通关键拥堵路段的专家系统

这里首先定义了一个专家系统以表述、发现和度量关键拥堵点。当然,这个专家系统也可以用于帮助管理者做出诸如建设更多的基础设施,交通控制,以及线路调整等决策。

城市交通拥堵关键点识别专家系统的框架如图 6-3 所示。电子地图应用提供实时路况信息，并按照一定的时间间隔进行更新。首先，使用一个程序记录观察时段内的实时路况，生成一个图片时间序列。研究将这些图片上的道路信息保留，其他无关信息都去掉，然后通过对图片上的像素色彩信息读取，获得一个大小为 $n \times m$ 的矩阵，其中 n 为图像的高度，m 为图像的宽度。将该矩阵拉平，形成一个超稀疏向量。这里将依据该向量和城市整体拥堵状态构造一个双射软决策系统。

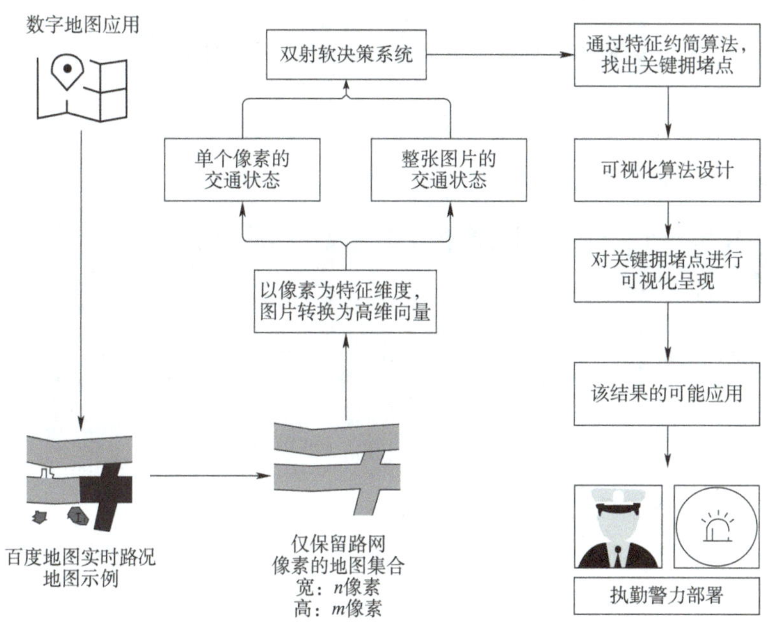

图 6-3　城市交通拥堵关键点识别专家系统框架图

该双射软决策系统是改进 BSSReduce 算法的输入，通过对该系统的学习挖掘，完成特征选择任务。这个改进的 BSSReduce 算法将找到关键拥堵点并对其各自的贡献度进行度量。

最后，可以使用一个可视化算法显示研究结果以帮助管理者们对全城情况进行检查并不断持续改进。

1）提取电子地图中的时空拥堵数据

电子地图应用中，用色彩表示出了各路段的交通状况。红色表示拥堵，黄色表示缓行，绿色表示畅通。但是地图中融入了很多城市基础设施元素，比如住宅小区、医院、学校、公园等，并以不同的色彩和标注表现出来。这里去除掉

电子实时路况地图中的非道路像素,研究集中观察城市路网像素的色彩变化。

以图6-4为例,图中共有5张小图,组成论域 $U=\{x_1,x_2,x_3,x_4,x_5\}$,每个小图$x_i$对应一个时刻 i 的交通状态,每个小图的大小都是 4×4,但是只有第二行和第三行中含有道路像素。这里构造了一个方法,依据图像中的像素色彩来提取道路拥堵状态信息。

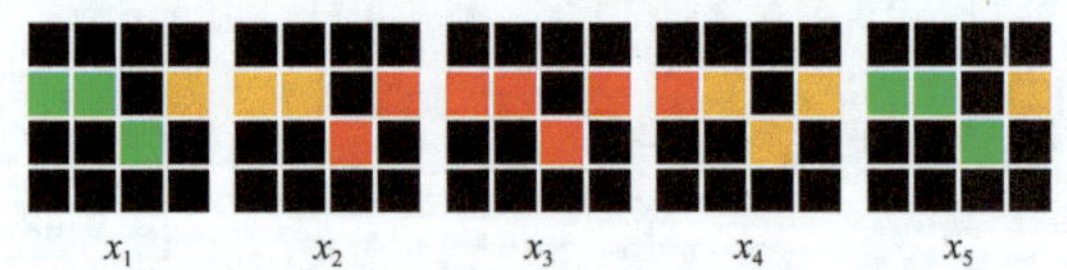

图6-4 道路色彩信息提取示例图

一幅图在计算机中相当于一个矩阵,因此以像素为单位,从矩阵的视角来观察图6-4中的5幅图,不同的像素色彩对应不同的交通状态,这5幅图即变成5个矩阵。

$$x_1=\begin{pmatrix} \mathrm{sm} & \mathrm{sm} & & \mathrm{sl} \\ & & \mathrm{sm} & \end{pmatrix}\quad x_2=\begin{pmatrix} \mathrm{sl} & \mathrm{sl} & & \mathrm{co} \\ & & \mathrm{co} & \end{pmatrix}\quad x_3=\begin{pmatrix} \mathrm{co} & \mathrm{co} & & \mathrm{co} \\ & & \mathrm{co} & \end{pmatrix}$$

$$x_4=\begin{pmatrix} \mathrm{co} & \mathrm{sl} & & \mathrm{sl} \\ & & \mathrm{sl} & \end{pmatrix}\quad x_5=\begin{pmatrix} \mathrm{sm} & \mathrm{sm} & & \mathrm{sl} \\ & & \mathrm{sm} & \end{pmatrix}$$

其中,sm表示畅通,sl表示缓行,而co表示拥堵。

对于城市全局拥堵状态,从图片中像素色彩的含义角度来看,红色拥堵点越多,则表明全局拥堵越严重,也就是说,全局拥堵状态与图中拥堵和缓行的像素点个数有关。考虑到拥堵与缓行对全局拥堵状态贡献的差异,这里构造了一个线性方程,其系数设定为红色点的拥堵系数为2,黄色点的拥堵系数为1,于是整个城市拥堵状态可以表示为 $score=2N_{\mathrm{congested}}+N_{\mathrm{slow}}$,其中$N_{\mathrm{congested}}$是红色像素点的个数,$N_{\mathrm{slow}}$是黄色像素点的个数。若考虑将全城拥堵状态根据 $score$ 分为三级,则对该全局状态,会有两个阈值,计算方法如式(6-1)所示。

$$\begin{aligned} \theta_1&=\frac{2\max(score)+\min(score)}{3} \\ \theta_2&=\frac{\max(score)+2\min(score)}{3} \end{aligned}\tag{6-1}$$

随后,研究通过设置各种数量级别来分级这个拥堵状态,但是相对来说,分成3级在这里的方法中是比较好的。

于是可以根据式(6-2)计算城市整体交通状态。

$$g=\begin{cases}\text{congested} & \theta_2 \leqslant \text{Congested}_{xi} \\ \text{slow} & \theta_1 < \text{Congested}_{xi} < \theta_2 \\ \text{smoot} & \text{Congested}_{xi} \leqslant \theta_1\end{cases} \tag{6-2}$$

以图 6-4 为例,研究计算出各个图对应的 *score* 值如下:

$$score(x_1)=1$$

$$score(x_2)=4$$

$$score(x_3)=8$$

$$score(x_4)=5$$

$$score(x_5)=1$$

因此,通过计算,可得到$\theta_1=3$,$\theta_2=5.6$。根据阈值,可以将 5 个图对应的整体拥堵状态分为 3 种,结果分别是x_1和x_5是畅通状态,x_2和x_4是缓行状态,而x_3是拥堵状态。

将拥堵状态定义为数字表示,以 1 表示畅通,2 表示缓行,3 表示拥堵,通过支持向量机的数据格式 libSVM 来整理数据,将图像中的拥堵信息转变成数字信息。libSVM 的格式为:“gs pIndex:pValue ……”,其中“gs”表示城市整体交通状态,“pIndex”是像素索引,而“pValue”是该像素的拥堵状态数字码。这里,研究主要关注拥堵状态,默认道路状态为通畅,为了减少数据维度,不记录通畅状态,即对状态为 1 的像素情况不做记录,则图 6-4 中表示的情况记录如下:

$$x_1:13:2$$

$$x_2:21:22:23:34:3$$

$$x_3:31:32:33:34:3$$

$$x_4:21:32:23:24:2$$

$$x_5:13:2$$

以x_1:13:2 为例来说明含义。1 表示用例x_1对应时刻的整体拥堵状态为畅通,而四个观察像素,其中第三个像素为缓行,表达为“3:2”,其余像素均为畅通,不做特别记录。其他图片以此类推。

在现实截取实时路况地图截屏的时候,对一个城市来说,地理覆盖面广,路网复杂,实时路况地图信息量大,当瓦片数据下载时,由于网络问题,会出现数据没有下载完全的情况,未能正常下载的道路像素上会出现异常橙色,为了从源头上保证数据质量，这些截屏的图片数据将会被当作无效数据除去。另外如果道路像素的色彩不是我们采集数据的 RGB 数据区间，或者图中的噪声数据比阈值大，该图片也将被认为是噪声图片而被删除掉。

2）构建双射软决策系统

为了使用 BSSReduce 来解决问题，研究需要将数据构造成一个双射软决策系统，使之成为 BSSReduce 的输入。在地图中，以像素点为地图的一个特征维度，呈现为一个双射软集合。再次，针对图 6-3 中的示例，以 4 个路段像素$a_{2,1}$，$a_{2,2}$，$a_{3,3}$，$a_{2,4}$为例，根据图中像素点的色彩信息及对应的全局拥堵状态信息，整理成如表 6-2 中所示的数据表达形式。

图 6-4 中示例对应的数据表达 表 6-2

力$_i$	$a_{2,1}$	$a_{2,2}$	$a_{3,3}$	$a_{2,4}$	G
x_1	smooth	smooth	smooth	slow	smooth
x_2	slow	slow	congested	congested	slow
x_3	congested	congested	congested	congested	congested
x_4	congested	slow	slow	slow	slow
x_5	smooth	smooth	smooth	slow	smooth

根据表 6-2，研究将数据呈现为一个双射软决策系统。首先，以 4 个像素点为单位，从这 5 幅图对应的整体状态角度出发，构造双射软集合，如下所示：

$$B_{2,1} = \{(\mathrm{sm}, \{x_1, x_5\}), (\mathrm{sl}, \{x_2\}), (\mathrm{co}, \{x_3, x_4\})\}$$

$$B_{2,2} = \{(\mathrm{sm}, \{x_1, x_5\}), (\mathrm{sl}, \{x_2, x_4\}), (\mathrm{co}, \{x_3\})\}$$

$$B_{3,3} = \{(\mathrm{sm}, \{x_1, x_5\}), (\mathrm{sl}, \{x_4\}), (\mathrm{co}, \{x_2, x_3\})\}$$

$$B_{2,4} = \{(\mathrm{sl}, \{x_1, x_4, x_5\}), (\mathrm{co}, \{x_2, x_3\})\}$$

对地图数据来说，双射软决策系统的条件集合是$\mathcal{B} = \{B_{2,1}, B_{2,2}, B_{3,3}, B_{2,4}\}$。同样，五个时刻的全局交通状态也可以呈现为全局拥堵的双射软集合：

$$(G,D) = \{(\mathrm{sm}, \{x_1, x_5\}), (\mathrm{sl}, \{x_2, x_4\}), (\mathrm{co}, \{x_3\})\}$$

通过以上处理过程，完成了双射软决策系统$[\mathcal{B}, (G,D), U]$的构造。

4. 改进 BSSReduce 算法并识别关键拥堵点

BSSReduce 是最新的特征选择算法，详细介绍可见附录 2，其时间复杂度为$O(|U|)$，其中$|U|$是用例的个数。BSSReduce 可以解决通用的特征选择问题，

然而，当数据维度非常大的时候，其对特征的搜索过程就非常耗费时间。尽管如此，这里可以利用高维数据本身的特点来提高 BSSReduce 算法的处理速度。

主要从两个角度进行改进：

(1) BSSReduce 需要扫描两次数据集以获取最小的特征约简集合。第一次扫描得到的约简特征集合，其中可能包含多余属性。第二次扫描，也就是整理阶段的扫描，会去掉那些多余的属性，以获取最精简的约简集合。而结合需要解决的问题，研究的期望是获得那些贡献值明显大于 0 的关键像素点，因此考虑在整理阶段去除多余特征信息，以节约运行时间。

(2) BSSReduce 中，可识别特征的选取是通过 findIdentificationAttribute 函数，在解决实时路况地图的问题中，该函数会从成千上万个像素点中选择可识别的特征。当数据的维度超级高的时候，这个过程非常耗费时间。因为 BSSReduce 是不会在高维稀疏数据中，根据数据特征来减少需要扫描的特征的。因此，结合高维数据本身的特征和含义，对函数 findIdentificationAttribute 进行了改进。

1) 改进 BSSReduce 涉及的概念和属性

为了更好地说明改进的 BSSReduce 算法，这里先介绍一些概念以帮助理解。对城市交通拥堵状态来说，那些最关键的拥堵点是可以用于解释其城市交通拥堵状态的变化的，使用双射软集合的依赖度来表达这个关系，即

$$\gamma[\wedge_{b\in key}b,(G,D)]=\gamma[\wedge_{b\in \mathcal{B}}b,(G,D)]$$

因此，这里通过定义的方式将此特征定义关联到关键拥堵点的定义中。

［定义 6-2-1］ 关键拥堵点和强关键拥堵点

假设$\mathcal{B}$是一个由地图中像素关系演化获得的双射软集合的集合，$key\subseteq\mathcal{B}$，且 (G,D) 是表示整体拥堵的双射软集合。如果 key 满足以下两个条件：

(1) $\gamma[\wedge_{b\in key}b,(G,D)]=\gamma[\wedge_{b\in \mathcal{B}}b,(G,D)]$。

(2) $\forall e\in key,\gamma[\wedge_{b\in key-e}b,(G,D)]<\gamma[\wedge_{b\in \mathcal{B}}b,(G,D)]$。

则 key 被称为是双射软决策系统 $[\mathcal{B},(G,D),U]$ 的一个关键拥堵点集合。假设 $b\in key$，如果满足：

$$sig=\sigma[b,(G,D)]>0$$

则 b 被称为 key 中的强关键点。关于 sig 的定义，详见附录 1 中双射软集合决策系统的软集合重要度的定义。

为了改进 BSSReduce 的运算速度，这里进一步提出了两个双射软集合的属性。这两个属性可以从理论上证明这个改进的算法可以用更少的时间消耗来获取关键拥堵点。

[属性 6-2-1] 假设$\mathcal{B}$是一个由地图中的像素映射关系推演得到的双射软集合的集合，$\mathcal{R}\subseteq\mathcal{B}$和$\mathcal{R}'\subseteq\mathcal{B}$是$[\mathcal{B},(G,D),U]$和$[\mathcal{B},(G',D'),U]$的约简结果，且$(G,D)$和$(G',D')$是表示整体城市拥堵状态的双射软集合。如果存在$|D|>|D'|$，可以推断出$|\mathcal{R}|>|\mathcal{R}'|$。

[证明 6-2-1] 由于$\mathcal{R}$和$\mathcal{R}'$都是$[\mathcal{B},(G,D),U]$和$[\mathcal{B},(G',D'),U]$的约简结果，因此

$$\gamma[\wedge_{b\in\mathcal{R}}b,(G,D)]=\gamma[\wedge_{b\in\mathcal{R}'}b,(G',D')]$$

根据双射软决策系统中依赖度的定义，可以知道

$$\gamma[(H,C),(G,D)]=\frac{|\cup_{e\in D}(H,C)\overset{\wedge}{\sim}G(e)|}{|U|}=\frac{|\cup_{e\in D'}(H',C')\overset{\wedge}{\sim}G'(e)|}{|U|}$$
$$=\gamma[(H',C'),(G',D')]$$

其中$(H,C)=\wedge_{b\in\mathcal{R}}b$且$(H',C')=\wedge_{b\in\mathcal{R}'}b$。

因为$(H,C)=\wedge_{b\in\mathcal{R}}b=(F_1,E_1)\wedge(F_2,E_2)\wedge\cdots\wedge(F_i,E_i)\cdots\wedge(F_n,E_n)$，其中$(F_i,E_i)\in\mathcal{R}$且$E_i$是双射软集合的$(F_i,E_i)\in\mathcal{R}$参数集，且$\mathcal{R}'\subseteq\mathcal{R}$，另有$H(a)=H(e_1,e_2,\cdots,e_n)=F_1(e_1)\cap F_2(e_2)\cap\cdots\cap F_a(e_a)\cdots\cap F_n(e_n)$，$\forall(e_1,e_2,\cdots,e_n)\in E_1\times E_2\times\cdots\times E_n$。

根据约简集合的定义，可知

$$|\cup_{e\in D}\cup_{a\in C}\{H(a)\subseteq G(e)\}|=|\cup_{e\in D'}\cup_{a\in C'}\{H(a):H(a)\subseteq G'(e)\}|$$

由于$|D|>|D'|$，为了保证该方程成立，$|H(a)|$会比 D 小，但是比D'大，可见$|\mathcal{R}|>|\mathcal{R}'|$。

根据[属性 6-2-1]，如果将连续的全市拥堵分成太多级别，整个约简集合中的元素将会增加，对这种分布稀疏的点数据，反而不利于聚焦。[属性 6-2-1]为如何为连续全市拥堵的持续值选择离散级别值提供了理论支撑。

最小的约简集合的含义是保持$\mathcal{B}$的相同依赖度情况下，$\mathcal{B}$的条件双射软集合中的最小子集。假设$[\mathcal{B},(G,D),U]$是一个双射软决策系统，其中$\mathcal{B}$是该双射软决策系统的条件集合，而(G,D)是决策软集合。另设$\mathcal{R}$是$[\mathcal{B},(G,D),U]$的一个约简，如果$\forall a\in\mathcal{R}$，$\gamma[\wedge_{b\in B}b,(G,D)]=\gamma[\wedge_{b\in B-a}b,(G,D)]$，则$\mathcal{R}$被称为是

$[\mathcal{B},(G,D),U]$的最小约简。其中，$\wedge_{b\in\mathcal{B}}b$ 是$\mathcal{B}$中所有双射软集合的 AND 乘积结果。

［属性 6-2-2］假设$\mathcal{R}$是$[\mathcal{B},(G,D),U]$的一个约简，而$\mathcal{R}'\subseteq\mathcal{R}$是$[B,(G,D),U]$的一个最小约简，且$\mathcal{A}=\mathcal{R}\cap\mathcal{R}'$，则$\forall a\in\mathcal{A}$，有 $\sigma[a,\mathcal{R},(G,D)]=\sigma[a,\mathcal{R}',(G,D)]$。

［证明 6-2-2］因为$\sigma[a,\mathcal{R},(G,D)]=\gamma[\wedge_{b\in\mathcal{R}}b,(G,D)]-\gamma[\wedge_{b\in\mathcal{R}-\{a\}}b,(G,D)]$，而$\sigma[a,R',(G,D)]=\gamma[\wedge_{b\in R'}b,(G,D)]-\gamma[\wedge_{b\in R'-\{a\}}b,(G,D)]$，其中 R 和 R'都是$[B,(G,D),U]$的约简，从而可以知道$\gamma[\wedge_{b\in R}b,(G,D)]=\gamma[\wedge_{b\in R'}b,(G,D)]=\gamma[\wedge_{b\in R}b,(G,D)]$。

根据依赖度的定义，我们可知

$$\gamma[\wedge_{b\in\mathcal{R}}b,(G,D)]=\frac{|\cup_{e\in D}(H,E)\overset{\wedge}{\sim}G(e)|}{|U|}=\frac{|\cup_{e\in D}\cup_{a\in E}\{H(a):H(a)\subseteq G(e)\}|}{|U|}$$

且 $\gamma[\wedge_{b\in\mathcal{R}'}b,(G,D)]=\dfrac{|\cup_{e\in D'}(H',E')\overset{\wedge}{\sim}G(e)|}{|U|}=\dfrac{|\cup_{e\in D'}\cup_{a\in E'}\{H(a):H(a)\subseteq G(e)\}|}{|U|}$，其中$(H,E)$是 $b\in\mathcal{R}$的 AND 乘积。

由于$\gamma[\wedge_{b\in\mathcal{R}}b,(G,D)]=\gamma[\wedge_{b\in\mathcal{R}'}b,(G,D)]=\gamma[\wedge_{b\in\mathcal{B}}b,(G,D)]$，我们可以获知$|\cup_{e\in\mathcal{R}}\cup_{a\in E}\{H(a):H(a)\subseteq G(e)\}|=|\cup_{e\in\mathcal{R}'}\cup_{a\in E'}\{H(a):H(a)\subseteq G(e)\}|$。

因为$H(e_1,e_2,\cdots,e_n)=F_1(e_1)\cap F_2(e_2)\cap\cdots\cap F_a(e_a)\cdots\cap F_n(e_n)$，

$\forall(e_1,e_2,\cdots,e_n)\in E_1\times E_2\cdots\times E_n$，其中$E_i$是双射软集合$b_i$的参数集，且$\mathcal{R}'\subseteq\mathcal{R}$，因此，可知$\gamma[\wedge_{b\in\mathcal{R}-\{a\}}b,(G,D)]=\gamma[\wedge_{b\in\mathcal{R}'-\{a\}}b,(G,D)]$，于是$\sigma[a,\mathcal{R},(G,D)]=\sigma(a,\mathcal{R}',(G,D))$得到证明。

［属性 6-2-3］约简集合中每个元素对决策因素的贡献度与该约简集合的最小约简的贡献度相等。此次研究的目的就是为了找出这些贡献度超过 0 的关键拥堵点。因此，在算法进行数据扫描的时候，就没有必要再次全部重新扫描，因此可以节约一半的时间，提高了整体运算速度。

2）改进的 BSSReduce 算法

原来的 BSSReduce 算法会扫描所有数据两次。第一次扫描过程中会得到一个约简集。然而，后面增加的约简元素和规则可能会使结果有更好的识别能力，从而会去掉后面加入的一些元素。这种情况下，约简得到的结果就可能不是最小约简集合。因此，BSSReduce 算法就采用了第二次扫描，也就是在整理阶

段的扫描,这次扫描是为了去掉那些多余的属性元素,以获得最小约简。这里的目的是去找到那些贡献度大于零的关键拥堵点。根据双射软集合的属性,最小约简的贡献度和约简的每个点贡献度是相关的。因此,可以去掉整理阶段对所有数据的扫描,这样可以节约运行时间。这里使用了改进的 BSSReduce 算法来发现关键拥堵点。下面的算法 1 将展现改进算法的细节。

算法 1:改进的 BSSReduce 算法——识别关键拥堵点

输入:一个有待约简的双射软决策系统[$\mathcal{B}$,(G,D),U]。

输出:一个关键拥堵点的集合key_s和这些点的贡献值 sig。

　　$\mathcal{R}\leftarrow\phi$,其中$\mathcal{R}$表示约简结果。初始种子,将一个双射软集合加入到$\mathcal{R}$。

对每一个 For each $x\in U$:

　　寻找一个规则,它的 AND 参数集与$Rule_x(rule)$相同

　　(1)如果$\exists Rule_{X'}(rule)$与之有相同的 AND 乘积参数集,则

　　　　(2)如果$Rule_{X'}(rule)$与$Rule_x(rule)$一致,则 $X'\leftarrow X'\cup\{x\}$

　　　　然后:

　　　　　　(3)如果 b←*findIdentificationAttribute*($Rule_X$,x)

　　　　　　　　则:通过$\mathcal{R}$更新条件$Rule_X(rule)$,寻找$Rule_{X'}(rule)$;

　　　　　　　　　如果$\exists Rule_{X'}(rule)$且和$Rule_x(rule)$不一致,则 $X\leftarrow X'$;

　　　　　　　　　跳转到(2),继续搜索另一个 b,使得$Rule_{X'}(rule)$ 和$Rule_x$(rule)一致;

　　　　　　否则:将$Rule_x$(rule)并入 *Rule* 集。

　　　　否则:设置$Rule_X(rule)$不一致;将 x 加入 X;继续;

　　否则:将$Rule_x(Rule)$加入 *Rule*;

根据评价$\mathcal{R}$中的点,并返回关键拥堵点 key_s。

当一个新元素加入系统时,这个算法会去协调并维持当前双射软决策系统的一致性。

算法 1 中的(1)整体结构,是用来协调新元素与已有规则的。如果当前 *Rule* 集中存在一个规则与$Rule_X$与 *rule* 不一致,则算法 1 中的(2)结构会搜索其他的像素点来协调。这一行为将触发函数 *findIdentificationAttribute* 在约简集$\mathcal{R}$中增加一个新的双射软集合。同时,当$\mathcal{R}$中的元素发生变化时,更新条件方法也会有助于维持当前双射决策系统的一致性。简单来说,条件更新函数在这里没有细讲,但是可以在参考文献[91]中找到详细解释。

为了更好地理解,可以结合图 6-4 中的案例来解释算法 1 的伪码逻辑。简单起见,这里将案例中的数据转化为表 6-2 中的形式。

开始的时候,研究需要加载一个初始化种子以启动整个算法。这个过程是随机选择一个能够区分任意两个元素的像素作为第一个像素。对图 6-4 中的各个像素点分析可知,由像素点$a_{2,1}$推导而得的双射软集合$B_{2,1}$可以区分x_1和x_2,其中$a_{2,1}$的拥堵状态分别是顺畅和缓慢。因此选择$B_{2,1}$作为初始种子,并将其加入$\mathcal{R}$,即$\mathcal{R}=\{B_{2,1}\}$。

在 For 循环中,每个论域中的元素 $x \in U$ 都会被依次处理,从而产生约简集。

针对案例,处理过程如下:

(1)对x_1,获取到第一个规则:$a_{2,1}$是 *smooth*→全局是$smooth_{\{x_1\}}$。

(2)对x_2,得到第二个规则:$a_{2,1}$是 *slow*→全局是$slow_{\{x_2\}}$。它与第一个规则相比,有不一样的 AND 参数集,因此将这个规则加入到规则集中。

(3)对x_3,得到第三个规则:$a_{2,1}$是 *congested*→全局是$congested_{\{x_3\}}$。该规则被加入规则集。

(4)对x_4,会得到第四条规则:$a_{2,1}$是 *congested*→全局是$slow_{\{x_4\}}$。它与第三条规则有相同的参数集,但是关于全局交通状态的结论却不一样,说明出现了不一致的规则。此时算法中的(2)将被激发,考虑条件中加入新的像素点。假设通过协调函数将$a_{2,2}$加入到$\mathcal{R}$,此时$\mathcal{R}=\{B_{2,1},B_{2,2}\}$,规则更新代理也会被触发。第三条规则将被更新为$a_{2,1}$是 *congested* ∧ $a_{2,2}$是 *congested*→全局是$congested_{\{x_3\}}$。第四条规则被更新为$a_{2,1}$是 *congested* ∧ $a_{2,2}$是 *slow*→全局是$slow_{\{x_4\}}$。第一条规则被更新为$a_{2,1}$是 *smooth* ∧ $a_{2,2}$是 *smooth*→全局是$smooth_{\{x_1\}}$。第二条规则被更新为$a_{2,1}$是 *slow* ∧ $a_{2,2}$是 *slow*→全局是$slow_{\{x_2\}}$。其中条件更新函数参见参考文献[91]。

(5)对于x_5,获得规则$a_{2,1}$是 *smooth* ∧ $a_{2,2}$是 *smooth*→全局$smooth_{\{x_5\}}$。该规则与第一个关于x_1的规则有相同的 AND 参数,将它们进行合并,更新规则为$a_{2,1}$是 *smooth* ∧ $a_{2,2}$是 *smooth*→全局$smooth_{\{x_1,x_5\}}$。

从而最终,得到的规则集为

$Rule_1$ = {$a_{2,1}$是 *smooth* ∧ $a_{2,2}$是 *smooth*→全局$smooth_{\{x_1,x_5\}}$,$a_{2,1}$是 *slow* ∧ $a_{2,2}$是 *slow*→全局是$slow_{\{x_2\}}$,$a_{2,1}$是 *congested* ∧ $a_{2,2}$是 *congested*→全局是$congested_{\{x_3\}}$,$a_{2,1}$是 *congested* ∧ $a_{2,2}$是 *slow*→全局是$slow_{\{x_4\}}$}。

而相应的约简集为$\mathcal{R}=\{B_{2,1},B_{2,2}\}$。

由于 $sig[b_{2,1},(G,D)]=\gamma[\wedge_{b\in\mathcal{B}}b,(G,D)]-\gamma[\wedge_{b\in B-\{b_{2,1}\}}b,(G,D)]=0$，且 $sig[b_{2,2},(G,D)]=\gamma[\wedge_{b\in\mathcal{B}}b,(G,D)]-\gamma[\wedge_{b\in B-\{b_{2,2}\}}b,(G,D)]=2/5$，最后，可以确定$key_s=\{b_{2,2}\}$，也就是图 6-4 中第 2 行第 2 列这个像素点是关键点。

对于大多数论域 U 中的用例来说，是不需要进行协调的，一般情况下，它是直接将元素加入已有的规则中。因此，这个算法执行起来会非常快，时间复杂度随着用例数量的增加呈线性增加，即算法的时间复杂度为 $O(|U|)$。

一旦得到了这个针对关键拥堵点的双射软决策系统的约简集，就可以用决策软集合的贡献度值，即 *sig* 值来标识每个关键拥堵点的贡献值。*sig* 度量的是在去掉该关键拥堵点的情况下，依赖度的降低值。*sig* 值越大，表明去掉这个点的情况下，依赖度的变化越大，则说明这个点越重要。

3）改进的 *findIdentificationAttribute* 函数

BSSReduce 中的 *findIdentificationAttribute* 函数会随机扫描整个属性域以发现两个元素的识别属性，当用例和元素数量多时，其工作量是相当大的。当交通管理人员要面对的是成千上万的像素点属性时，该策略是相当耗费时间的。

然而，找到两幅图片的约简像素点没有必要去扫描所有的像素点，因为在两幅图片的拥堵状态分布中，大约百分之九十的像素点是畅通状态，在系统中，这些点被记录的值为零。

这里改进了 *findIdentificationAttribute* 函数，计算机在内存中搜索两个元素$\mathcal{B}_X$和$\mathcal{B}_x$中的非零像素点，其中$\mathcal{B}_X$和$\mathcal{B}_x$是非零属性。由于$|\mathcal{B}_X|$和$|\mathcal{B}_x|$比$|\mathcal{B}|$小很多，在$\mathcal{B}_X$和$\mathcal{B}_x$搜索要比在$\mathcal{B}$中搜索节约大量的时间。算法 2 详细地介绍了改进的 *findIdentificationAttirbute* 函数。

算法 2：用于$[Rule_X(rule),x]$的、改进的 *findIdentificationAttirbute* 函数

如果：在$\mathcal{R}$中随机搜索，发现 b s. t. $Rule_X(rule)$且$Rule_X(rule)$一致，则：

　　返回：b；

其他：如果在$(\mathcal{B}_X\cup\mathcal{B}_x)\cap(\mathcal{B}-\mathcal{R})$中随机搜索，发现 b s. t. $Rule_X(rule)$且$Rule_X(rule)$一致，且$\mathcal{B}_X$和$\mathcal{B}_x$是双射软集合 X 和 x 的非零子集，则：

　　将 b 加入到$\mathcal{R}$；

　　否则：返回 NOTFOUND。

---

5. 设计呈现所有关键拥堵点的可视化算法

算法1可以找到一系列关键拥堵点。如果多次运行算法1,可以获得很多关键点的集合。由于每个像素点都是极小的,如果直接在图中显示约简结果中集中的点,结果反而很难理解。因此,本研究在算法3中提出了一种可视化的方法来将所有获得的关键拥堵点集中到一个整体约简集合$\mathcal{GR}$中,然后根据各个点的贡献度值,去掉一些点,保留那些在一定空间半径δ中贡献度值最大的点,将其显示在地图中。

算法3:可视化所有关键拥堵点的算法伪码

输入:一个等待约简的双射软决策系统$[\mathcal{B},(G,D),U]$。

输出:一个可视化处理的图和关键拥堵点

$\mathcal{GR}\leftarrow\phi$,其中$\mathcal{GR}$表示一个全局约简;

$\mathcal{B}$表示所有像素点的所有双射软集合;

当$\gamma(\wedge_{b\in\mathcal{B}}b,(G,D))=1$时:

将算法1识别出来的$[\mathcal{B},(G,D),U]$的一系列关键点加入$\mathcal{R}$;

$\mathcal{B}\leftarrow\mathcal{B}-\mathcal{B}$;

$\mathcal{GR}\leftarrow\mathcal{GR}\cup\mathcal{R}$;

对每个$b_{i,j}\in\mathcal{GR}$:

假设对$b_{i,j}$,其邻近点集为$\mathcal{B}_\delta=arg\{b:distance(b_{i,j},b)<\delta\}$,其中 $distance$ 是两个点之间的距离函数。对 b 中,保留其最大 sig 值点对应的 sig 值,即去除掉 $b\in\mathcal{B}_\delta$中,除了 $b=argmaxsig(\{b:b\in\mathcal{B}_\delta\})$;

在地图上散布显示$\mathcal{GR}$中的所有点,其中散点对应的面积与贡献度值相关。

(二) 实证分析

1. 数据介绍

百度地图是百度公司提供的一款数字地图服务应用。地图中有卫星影像、街道地图、街景以及一些室内景色。地图可以根据覆盖面的需求改变颗粒度,实现地图的放大和缩小,比如在1366×768像素的显示屏区域内得到整个重庆或北京核心区域的交通状态情况,可以采用12级的地图。这个级别的地图得到的截屏图片,可以覆盖2100km^{2}的区域,每个像素点对应60m^2。针对重庆主城区域,可以近似一个正方形,根据对重庆主城区域分析这一需求,研究过程中将图片截取为500×500像素的图片。数据截取的更新率为90s。以图6-5中所示的城市交通网示例图[图 6-5a)]为模板,通过 Python 程序去掉地图中其他信息,只保留路网信息,如图 6-5b)所示。

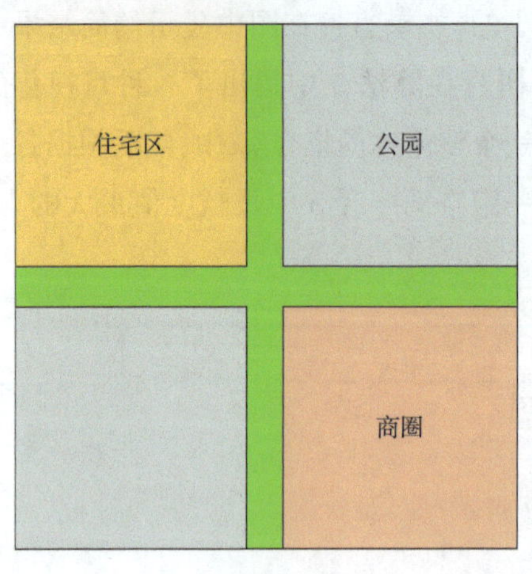

a)电子地图示意图　　　b)道路信息提取示意图

图 6-5　电子实时路况地图道路信息提取示例

通过 Python 程序采集了 2018 年 2 月 1 日至 5 月 31 日的图片数据,其中重庆主城有效数据是 23365 张,而北京城市有效数据是 21374 张。由于交通状态具有季节性特征,为了简单起见,这里定义自然月为分析周期。进一步,考虑到通勤常规出行行为,设定早高峰为 7:00—10:00,而晚高峰为 17:00—20:00。由于工作日的交通流量和动态模式与休息日不一样,去掉了休息日的数据,并将数据拆分成 16 个数据集,实验数据集见表 6-3。

实验数据集　　　表 6-3

数据集	天数	图片数	像素	数据集	天数	图片数	像素
BJ2M	17	2780	40356	CQ2M	17	2945	8215
BJ2N	17	2865	43418	CQ2N	17	3137	9014
BJ3M	21	2004	44791	CQ3M	21	2538	10772
BJ3N	21	2231	45521	CQ3N	21	2750	10777
BJ4M	20	2820	51315	CQ4M	20	2966	10913
BJ4N	20	3108	50369	CQ4N	20	3272	10654
BJ5M	22	2649	48833	CQ5M	22	2756	10097
BJ5N	22	2917	50372	CQ5N	22	3001	10201

根据属性6-2-1,如果将城市整体拥堵水平离散成太多的层级,约简集合的元素会增多。经过多次实验,研究选择了将连续拥堵分数离散成三级。至于用于过滤噪声数据的阈值,对重庆和北京两个城市,分别是6000和29800。

2. 关键拥堵点的特性分析及启示

1)关键拥堵点可以有效减少需关注的路段数量

本研究对表6-3中的数据采用算法1进行约简,得到表6-4。结果表明用这里的方法可以在10000~45000个道路像素中发现16~20个强关键点,这无疑完成了一项堪比大海捞针的工作。从这些数据集中,研究发现了41~677个约简,这些关键点的最大贡献度为0.006~0.407。重庆和北京两个城市,最大贡献度的像素点都是出现在2月份早高峰的约简集合中。而显示出来的重庆和北京的点是那些贡献度超过0.001和0.002的点,大约占所有像素点的百分之一。

由此可见,通过专家系统获得的关键拥堵点,其数量少于总像素点数的百分之一。管理者可以关注这些关键拥堵点,来集中快速评价和管理交通状态的变化。

约简结果　　表6-4

数据集	约简得到的点个数	平均关键点所有关键点个数	强关键点个数	最大 *sig*	平均 *sig*	展示的关键点个数
BJ2M	425	35	17	0.401	0.0022	203
BJ2N	553	34	16	0.407	0.0015	257
BJ3M	529	30	19	0.054	0.0020	328
BJ3N	604	36	20	0.091	0.0019	356
BJ4M	674	34	18	0.131	0.0015	345
BJ4N	622	34	19	0.027	0.0012	268
BJ5M	677	31	17	0.097	0.0015	312
BJ5N	485	40	20	0.059	0.0014	279
CQ2M	72	34	17	0.404	0.0024	77
CQ2N	39	28	16	0.006	0.0012	64
CQ3M	108	30	18	0.015	0.0016	86

续上表

数据集	约简得到的点个数	平均关键点所有关键点个数	强关键点个数	最大 sig	平均 sig	展示的关键点个数
CQ3N	131	36	18	0.021	0.0014	82
CQ4M	122	35	18	0.035	0.0014	88
CQ4N	116	34	20	0.011	0.0012	86
CQ5M	96	35	19	0.014	0.0014	83
CQ5N	55	34	20	0.057	0.0016	66

2)月度关键拥堵点分布特征的启示

通过算法 3 来处理重庆和北京 2018 年的数据集,研究获得了重庆和北京早晚高峰期的关键拥堵点。为了区分出关键拥堵点的显著度,通过可视化技术,可以使用不同形状、不同程度的红色来显示这些关键拥堵点(图 6-6)。

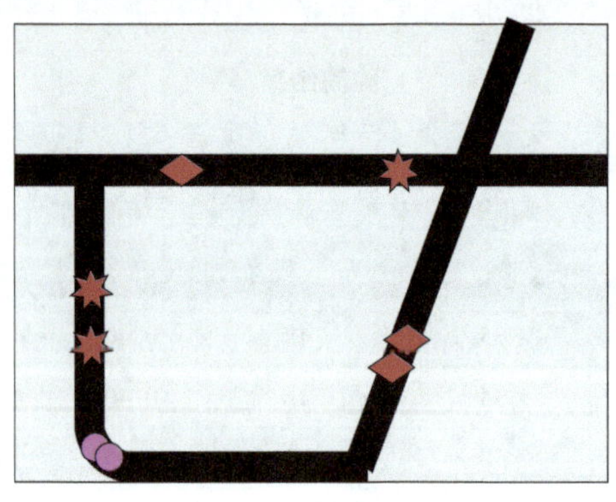

图 6-6　分级关键拥堵点示例

对比分析重庆和北京分级关键拥堵点的空间动态变化规律,得到以下结论:

(1)因为通勤者的行为差异,早晚高峰期的状态是不一样的。重庆人主要居住在重庆主城内部,他们的出行模式使得重庆早高峰的关键拥堵点主要集中在内环快速通道以内,而晚高峰主要分布在主城内环快速通道以外。而北京的情况则是相反的。

(2)由于出勤行为具有一定的季节性特征,每个月的高峰期状态都不一样。2018 年的 2 月包含春节假期,很多人会在春运期间往返于工作城市和故乡,而 3 月和 4 月是普通的月份。

(3)连续月份之间的变化是连续的。由于时空梯度变化,连续两个月的关键拥堵点的分布是非常接近的。本研究所获得的重庆和北京早晚高峰期的关键拥堵点并不是特别重要的点,它们既不是桥梁,也不是隧道、立交桥。我们仔细分析原因,发现这些关键点的形成往往是由于交通组织项目的设计问题,比如,过多的信号灯设置,不合理的交通标识,或者长时期的道路建设。这里对管理者来说,有大量的交通路线及基础设施建设的优化空间。这些发现与我们最初的设想一致。

3)常发性关键拥堵点分布特征的启示

常发性关键拥堵点(图 6-7)是那些在每个时间间隔内都会出现的关键拥堵点。进一步挖掘通过专家系统获得的关键拥堵点,可以找到同一空间区域出现频次高的点,一般认为其是常发性关键拥堵点,交通管理者需要重点关注这些常发性关键拥堵点,采取管理措施。

图 6-7　常发性关键拥堵点示例

整理重庆和北京两超大城市数据,分析获得的如图 6-7 中显示的常发性关键拥堵点,可以得到以下一些启示。

(1)尽管在不同月份,大多数关键拥堵点仍会聚集在固定区域中,这说明常发性交通拥堵引起了这些关键拥堵点。同时,这些点主要分布在内环快速通道以内、隧道、立交桥、十字路口以及桥梁地带。管理者可以跟踪监控这些区域,并基于交通拥堵的显著程度,以最低成本来决定是否需要建设新的交通基础设施来缓解交通瓶颈。

(2)其他点对于管理者来说,可能更有价值,因为它们可能是由于交通组织项目设计不当造成的。通常,在这些区域中优化拥挤状态则不需要建立新的交通基础设施,这使得管理者可以用很少的成本进行优化,他们拥有了一个很大的优化空间。

(3)早晚高峰期的不同也是由于通勤模式差异引起的,主要是居住区和工作区的分离。

(三)结果验证

1. 基于互信息的关键拥堵点集合验证

互信息是两个随机变量之间相互依赖性的度量,也可以度量两个随机变量共享的信息量。若两个变量之间共享的信息量一致,则说明两者在一定程度上可以互相替换。计算关键拥堵点集合与原始数据之间的互信息,若两者互信息值一致,则说明关键拥堵点集合与原始数据之间的信息量是可以互相替换的,也就说明了关键拥堵集合可以替换原始数据,即约简的数据集可用,也证明了这个研究方法的正确性。

互信息的定义如式(6-3)所示:

$$I(A,B) = \sum_{a,b} p_{(A,B)}(a,b) \log \frac{p_{(A,B)}(a,b)}{p_{(A)}(a) \cdot p_{(B)}(b)} \tag{6-3}$$

式中 A 和 B 是两个随机变量,它们的边缘概率分布分别是$p_{(A)}(a)$和$p_{(B)}(b)$,它们的联合概率分布是$p_{(A,B)}(a,b)$。在研究的问题中,设 A 是像素信息,而 B 是城市整体拥堵信息。由表 6-5 可知,原始数据与约简集合数据的互信息值完全一样,说明通过这里的方法获得的约简集合可以获得原始数据中反映整体拥堵状态的信息。

原始数据与约简数据之间的互信息对比 表 6-5

数据集	互信息		数据集	互信息	
	原始数据	约简数据		原始数据	约简数据
BJ2M	1.234	1.234	CQ2M	0.987	0.987
BJ2N	1.149	1.149	CQ2N	1.285	1.285
BJ3M	1.475	1.475	CQ3M	1.281	1.281
BJ3N	1.415	1.415	CQ3N	1.171	1.171
BJ4M	1.441	1.441	CQ4M	1.272	1.272
BJ4N	1.325	1.325	CQ4N	1.098	1.098
BJ5M	1.179	1.179	CQ5M	1.436	1.436
BJ5N	1.487	1.487	CQ5N	1.336	1.336

2. 基于分类能力的关键拥堵点集合验证

为了进一步验证关键拥堵点,研究使用支持向量机和决策树与 BSSReduce 进行结果对比。基本设想是期望理想的关键拥堵点,会与原始数据有同样的全局拥堵分类能力。用两种分类器是为了对比获得的约简像素和整体像素的分类能力。因此,本研究没有进行十倍交叉验证来调整参数以保持对比。本研究将所有数据的70%作为训练数据、30%作为测试数据。通过常用的精确度、回召率及$F1$值来评价这个分类能力。从表6-6可以看出,约简集合的$F1$值与原始数据的$F1$值非常接近。对一些特殊的数据集,如CQ2M和BJ2M,约简集合的$F1$值还比原始数据的$F1$值大。结果表明,约简集合较原始数据集,拥有相似甚至更好的区分能力。

原始数据与约简数据之间的分类能力比较 表6-6

数据区分	数据集	决策树			线性支持向量机		
		精确度	召回率	*F*1	精确度	召回率	*F*1
原始数据	CQ2M	0.94	0.95	0.94	0.97	0.97	0.97
约简数据		0.95	0.95	0.95	0.92	0.93	0.92
原始数据	CQ2N	0.93	0.93	0.93	0.96	0.96	0.96
约简数据		0.92	0.92	0.92	0.91	0.91	0.91
原始数据	CQ3M	0.94	0.94	0.94	0.96	0.96	0.96
约简数据		0.89	0.89	0.89	0.87	0.89	0.88
原始数据	CQ3N	0.94	0.94	0.94	0.97	0.97	0.97
约简数据		0.90	0.90	0.90	0.87	0.87	0.87
原始数据	CQ4M	0.94	0.94	0.94	0.96	0.96	0.96
约简数据		0.92	0.92	0.92	0.91	0.91	0.91
原始数据	CQ4N	0.94	0.94	0.94	0.97	0.97	0.97
约简数据		0.89	0.89	0.89	0.92	0.92	0.91
原始数据	CQ5M	0.92	0.92	0.92	0.95	0.95	0.95
约简数据		0.87	0.87	0.87	0.84	0.83	0.83
原始数据	CQ5N	0.92	0.92	0.92	0.95	0.95	0.95
约简数据		0.89	0.89	0.89	0.86	0.86	0.85
原始数据	BJ2M	0.93	0.93	0.93	0.98	0.98	0.98
约简数据		0.95	0.95	0.95	0.91	0.91	0.91
原始数据	BJ2N	0.97	0.97	0.97	0.98	0.98	0.98
约简数据		0.96	0.96	0.96	0.93	0.94	0.93

续上表

数据区分	数据集	决策树			线性支持向量机		
		精确度	召回率	$F1$	精确度	召回率	$F1$
原始数据	BJ3M	0.93	0.93	0.93	0.95	0.95	0.95
约简数据		0.85	0.85	0.85	0.86	0.86	0.86
原始数据	BJ3N	0.92	0.92	0.92	0.97	0.97	0.97
约简数据		0.89	0.89	0.89	0.89	0.89	0.89
原始数据	BJ4M	0.93	0.93	0.93	0.97	0.97	0.97
约简数据		0.92	0.92	0.92	0.92	0.92	0.92
原始数据	BJ4N	0.93	0.93	0.93	0.98	0.98	0.98
约简数据		0.92	0.92	0.92	0.89	0.88	0.89
原始数据	BJ5M	0.97	0.97	0.97	0.98	0.98	0.98
约简数据		0.94	0.94	0.94	0.92	0.92	0.91
原始数据	BJ5N	0.93	0.93	0.93	0.96	0.96	0.96
约简数据		0.85	0.85	0.85	0.79	0.80	0.79

3. 改进 BSSReduce 算法的速度验证

为了证明算法 1 比 BSSReduce 运算速度快,本研究对每个数据集都用两个算法运行五次。当面对高维数据的时候,文献综述中提到的特征选择方法已经被证明比 BSSReduce 的运算速度要慢上千倍。因此,本研究没必要再去比较这些算法。表 6-7 中列出了实验结果。可以观察到,改进的算法最快,对重庆和北京的数据集来说,它大约比 BSSReduce 算法分别快 14 和 18 倍。

4. 关键拥堵点与严重拥堵点的区分验证

那么,是不是最拥堵的点就是本研究要寻找的关键拥堵点呢?为了回答这个问题,本研究计算了全局拥堵状态和不同最拥堵点之间的互信息。观察表 6-8 可知,最拥堵排名前 20 及前 100 的点都不是关键拥堵点。因为它们的互信息明显小于原始数据互信息。直到最拥堵点的数量排名到 1000 的时候,其互信息的数值才与原数据集的互信息数值相同。然而,这意味着点的数量非常大,这对管理者来说,就失去了聚焦的意义。同时,也不能很好地通过量化的方式来解释每个点对城市范围拥堵的影响意义。

BSSReduce 与改进 BSSReduce 的运行时间对比(单位:ms)　　表 6-7

数据集	运行时间		数据集	运行时间	
	B1	A1		B1	A1
CQ2M	6897	260	BJ2M	28431	1103
CQ2N	6067	428	BJ2N	25929	1651
CQ3M	4589	285	BJ3M	29600	1083
CQ3N	3256	366	BJ3N	25047	1130
CQ4M	3359	385	BJ4M	19159	1684
CQ4N	4052	347	BJ4N	25033	1596
CQ5M	4972	326	BJ5M	20594	1452
CQ5N	5768	432	BJ5N	33323	1610
Average	4870	354	Average	25890	1414

原始数据与最拥堵点之间的互信息对比　　表 6-8

数据集	互信息			
	原始数据	前 20	前 100	前 1000
BJ2M	1.234	0.202	0.458	1.061
BJ2N	1.149	0.244	0.518	0.999
BJ3M	1.475	0.108	0.734	1.475
BJ3N	1.415	0.032	0.558	1.415
BJ4M	1.441	0.007	0.758	1.441
BJ4N	1.325	0.005	0.447	1.325
BJ5M	1.179	0.350	0.690	1.179
BJ5N	1.487	0.125	0.644	1.487
CQ2M	0.987	0.110	0.693	0.987
CQ2N	1.285	0.378	1.096	1.285
CQ3M	1.281	0.517	1.163	1.281

续上表

数据集	互信息			
	原始数据	前20	前100	前1000
CQ3N	1.171	0.176	0.962	1.171
CQ4M	1.272	0.420	1.104	1.272
CQ4N	1.098	0.142	0.467	1.098
CQ5M	1.436	0.678	1.270	1.436
CQ5N	1.336	0.126	0.973	1.336

(四)结论与管理启示

找到并度量关键拥堵点对城市拥堵管理来说，是一件非常重要的事情。本研究首次提出了关键拥堵点这一概念，关键拥堵点是指那些能够解释城市整体拥堵变化的点。然而，在电子地图中，像素点的数目是非常巨大的，所以本研究将发现关键拥堵点这一问题聚焦转换成一个高维数据的特征选择问题。在算法时间复杂度 $O(|U|^{X}|C|^{Y})$ 的计算中，$|U|$ 是用例的数量而 $|C|$ 是特征的数量。因此，传统的特征选择方法不能在一个可以接受的时间范围内解决这一问题。

本研究提出了一些新的双射软集合的概念和属性，提出了一种改进 BSSReduce 的方法。本研究用推荐的方法从电子地图的图片数据中发现了关键拥堵点。为了验证这个方法，本研究收集了从 2018 年 2 月至 5 月，重庆和北京的 16 个电子地图数据集，覆盖面积达 2100km^2。通过互信息的计算，得到的关键拥堵点的有效性得到了证明。同时本研究进行了 BSSReduce 及改进 BSSReduce 算法的计算速度对比。

结果显示，改进的 BSSReduce 算法要比 BSSReduce 算法快 15 倍。本研究所用的算法分别发现了重庆和北京每个月的 75 个和 300 个关键拥堵点，而在这两个城市的电子地图中，考察的像素点分别是 10000 和 50000。其中关键拥堵点少于原像素点总数的百分之一。因此，管理者没有必要去关注所有的像素点，只需要及时关注关键拥堵点来解决交通拥堵问题。关注关键拥堵点，可以更高效地去分析城市拥堵的原因，对比各城区、各道路及交通瓶颈之间的拥堵状况。

通过实证数据的验证，本研究为管理者提供了一些启示：

(1)根据得到的结果，常拥堵的点并不是关键交通拥堵点。也就是说，传统对交通拥堵的统计对发现关键交通拥堵点并没有很大的帮助。

(2)交通拥堵关键点并不全是诸如桥隧及立交桥这样的交通拥堵瓶颈设施,还有一些由于交通组织的设计问题带来的关键拥堵点,比如不合理的信号灯设置以及十字路口,这给管理者带来了很大的交通拥堵优化空间。

(3)交通拥堵关键点是随着时间变化而变化的,这样的变化主要是由于城市交通设施维护、新道路建设及新出行模式出现而产生的。因此,实时跟踪交通拥堵关键点,及时识别这些点,并展开观察和治理是非常有必要的一件事情。

(4)交通拥堵关键点的分布和变化规律可以反映出通勤条件和区域通勤行为。本研究用这些变化去发现经济社会的变化和发展。基于此,可以展开进一步分析。

本研究虽然较好地解决了量化局部道路对全城拥堵影响力这一问题,但是此部分有以下几点局限性或改进方向:

(1)简单地离散了全局拥堵状态值。在将来的研究中,本研究将利用多因子决策方法来综合更多的因子以构建全局拥堵值,以期更好地表现出各种类型的像素色彩对全城交通拥堵状态的影响。

(2)本研究没有考虑道路拓扑结构。在将来的研究中,将考虑道路拓扑结构,以构建更加复杂的方法。比如将路网像素根据道路的实际情况进行分类,分别给予快速通道、主干道及支路不同的权重,使得运算结果更加贴近现实生活。

(3)将采用一个迁移学习的方法去分割数据集,使得其能够自动聚类。当前使用的是分割时间的数据包去完成特征约简任务,这样对长时间段的数据包运算会带来计算效率的问题,也不能发挥交通规律性特点,因此后期,可以采取迁移学习的方法,用阶段性获取的特征对后期进行学习,以更好地适应在线学习。

(4)使用这个方法进一步研究交通相关问题,比如交通基础设施的弹性,评价气候的影响,以及评价交通事件的影响等。

(5)最后,将使用这一方法去减少计算时间以引入基于机器学习的方法来进行预测、分析以及制定决策,以期在机器学习理论上进一步扩充本研究。

本研究对全城路网关键拥堵路段的识别和可视化过程进行了详细的阐述。首先对该问题展开了分析,界定了全城路网关键拥堵路段识别和传统拥堵路段探测的差别和联系,明确了关键拥堵路段的识别是在拥堵路段探测结果的基础

上,对探测结果变化规律的进一步探索,是拥堵路段探测研究的延伸。其次,分析了关键拥堵路段的含义,锁定了采用的数据和方法,并给出了关键拥堵路段的数学形式定义。随后,构造双射软决策系统进行关键拥堵路段的识别,并以重庆和北京为例,进行了关键拥堵路段 *sig* 值的计算。然后,设计了关键拥堵路段的可视化算法,将得到的关键拥堵路段分层级展现在电子地图上。最后基于得到的关键拥堵路段,进行了多维度的时空分析,以获得一些管理启示。

识别关键拥堵路段,可以从局部路段与整体路网交通状态之间的关系着手研究路段属性,这进一步丰富了城市交通研究的理论框架。将公开的电子实时路况地图作为数据进行城市交通研究,将促进城市交通研究的发展。

第三节　路网交通资源分配

通过分析电子实时路况地图中的路况数据,可以锁定对全城交通状态变化影响大的路段,并可以掌握全城路网交通状态的变化。在此基础上,可以进一步考虑如何利用这些信息开展交通治理工作。传统交通治理的方式,主要是基于城市路网的空间管理而进行的交通限流政策、引流疏导和交通信号灯管理,其基本出发点是交通道路资源的通行能力。随着车辆数量的快速增多,车辆正常使用期间的能源补给、维护修理等行为会高频发生,这些行为存在加重局部区域拥堵的可能性。在考虑路网交通状态的情况下,若借助在线导航系统,合理引导车辆的这些日常行为,可以一定程度避免它们给局部区域拥堵带来的负面影响。

引导车辆的日常服务行为,实质上是需要完成车辆和众多服务中心的动态匹配优化,其中服务中心是静态的,路网结构是既定的,难点在于路网的交通状态和车辆的选择是动态变化的。借助电子实时路况地图,可以得到路网交通状态参数,而在线导航系统可以实现车辆的引导工作,本研究将交通状态融入车辆服务的资源匹配优化中,设计了一种引流疏导的方法,可以帮助车辆避开拥堵路段,从而减少由于车辆日常服务行为而引起的区域拥堵加重。

发展新能源汽车已是趋势,其能源补给系统的优化是一个值得关注的问题,但是当下公共充电站已经发生了站内拥堵和使用不平衡的现象,对现有公共充电站进行动态优化配置成为一个有意义的问题,这与本研究思路不谋而合。

因此，本研究以电动汽车在公共充电站充电这一场景为例展开相关的研究。

一　研究场景简介

2012 年，国务院发布了《节能与新能源汽车产业发展规划（2012—2020 年）》。电动汽车作为一种零排放且无噪声的新能源汽车，对环境非常友好，是构建可持续交通系统的重要组成部分。从表 6-9 可以看出，新能源汽车的销量占全国汽车总销量的比例在逐步上升。

新能源汽车销量与全国车辆总销量对比　　表 6-9

年份(年)	新能源汽车销量(万辆)	汽车总销量(万辆)	新能源汽车占比(%)
2011	0.8159	1850.51	0.04
2012	1.2791	1930.64	0.07
2013	1.81	2198.41	0.08
2014	6.14	2349.19	0.26
2015	30.2	2359.76	1.28
2016	50.7	2802.82	1.81
2017	77.7	2887.89	2.69
2018	125.6	2808.1	4.47
2019	120.6	2576.9	4.68

注：表中数据采集自“汽车之家”网站。

但是，电动汽车蓄电池的容量和寿命性能是影响其续驶里程的一个直接问题，驾驶人经常需要找到合适的公共充电站进行充电，但是公共充电站的建设还没有能够与电动汽车的发展相匹配。截至 2020 年 6 月，根据中国电动汽车充电基础设施促进联盟上报的数据，我国公共充电桩总共有 55.8 万台。从 2019 年 7 月至 2020 年 6 月，月均新增公共类充电桩约 1.2 万台。而且，公共充电基础设施建设存在区域较为集中、充电电量集中度较高的特点。从表 6-10 可以看出公共充电设施的保有量在以不稳定的增长率增长。截至 2019 年底，全国城市公共充电站密度排行前 10 的城市中，广州主城区的公共充电站密度位居第一，达到每平方公里 2.86 个，而上海和深圳紧随其后，其主城区公共充电站密度分别达到每平方公里 2.13 个和 2.05 个。

2019 年 7 月至 2020 年 6 月公共充电基础设施建设情况　　表 6-10

时间	公共充电设施保有量（台）	增长率（%）
2019 年 7 月	445640	—
2019 年 8 月	455808	2.28
2019 年 9 月	466101	2.26
2019 年 10 月	478132	2.58
2019 年 11 月	495502	3.63
2019 年 12 月	516396	4.22
2020 年 1 月	531118	2.85
2020 年 2 月	531313	0.04
2020 年 3 月	541672	1.95
2020 年 4 月	546764	0.94
2020 年 5 月	550588	0.70
2020 年 6 月	558422	1.42

注：表中数据采集自中国电动汽车充电基础设施促进联盟。

由于公共充电桩数量有限，且设施所在区域集中，电动汽车需要充电的时候，其充电行为会加重城市路网中的交通拥堵。有两种方法可以解决这一问题，一是加速公共充电站的建设，但为了提高充电效率，需要考虑充电站的增加数量以及地址选择，有可能出现充电桩长期空置的状况，因此这不是一个很好的方法；另一种方法是提高现有公共充电桩的使用效率，根据车辆的位置和电力留存情况，将待充电的汽车引导到合适的充电站，使其时间成本最小，且能避开道路及站内的拥堵，合理地引导可以提高公共充电桩的利用效率，避免充电站之间的不平衡发展而造成充电建设资源的浪费。相对来说，在公共充电站已经有一定建设规模的情况下，后一方法更具有吸引力，因此，探索如何提高现有公共充电桩的效率显得十分有意义。

由于城市交通路网的复杂性和交通状态的多变性，电子地图在城市交通中占据重要地位。驾驶人常常在出行前会参考实时电子地图中的交通状态图，并依赖于实时导航系统的指引。实时导航系统中，全面融合了城市地理信息、实时路网交通拥堵信息，在物联网技术基础上，系统中甚至是可以了解到实时联网充电站的排队情况。基于这些基础数据，通过一定的算法，可以进行电动汽车在充电站之间的优化分配，并将优化结果以路径导航的形式传送给驾驶人，引导电动汽车前往分配到的充电站，使其在充电过程中尽可能避开站点和路途的拥堵。

电动汽车充电站的分配是近几年一个研究的热点主题。这个问题曾被转化为路径选择问题，其目标是最小化电动汽车的行驶时间。电动汽车充电这个问题，仅仅考虑车辆的行驶时间，是不合理的，实际生活中，充电本身是一个非常费时的过程。通常，现在有两种充电模式：快充和慢充。快充模式可以在0.5h或1h以内完成车辆蓄电池容量80%的充电，但是慢充则需要10～20h来完成整个充电。也就是说，即使选择快充，至少也需要0.5h来完成充电工作。这里关注的是典型的公共充电站，主要由50/60Hz的三相交流电供电。在这种条件下，需要若干小时来完成充电。由于电动汽车充电需要很长时间，所以在充电站里面很容易就会形成排队现象，排队时间也是充电时间成本中的一部分，所以对充电时间，要考虑车辆从出发点到达充电站的路途行驶时间和站点中的排队时间。

一个充电过程可以被看成是一个争夺道路和站点充电资源的拥塞博弈过程。在这个博弈中，有限数量的电动汽车彼此之间竞争城市中固定数量的车辆运行和服务资源，比如道路、充电站等。从充电汽车发出充电请求后，到其充电结束的过程中，充电汽车需要从发起充电请求的地点行驶到被分配的充电站，然后在充电站接受充电服务，这整个过程中，存在车辆与其所在交通环境的交互。电动汽车的充电行为将增加道路和充电站的拥堵，而道路和充电站的拥堵也会增加电动汽车的充电成本。拥塞博弈模型，是一类非合作博弈模型。在该博弈模型中，一个自私玩家的成本取决于使用相同策略的玩家总个数。通过合理的拥塞博弈模型可以将电动汽车充电的过程解释清晰。在这种博弈中，所有玩家都可以知道他们各自的行为选择对拥堵资源的影响，这个影响是可以通过一些有效控制策略来调整的。拥塞博弈常常用在解决资源分配的问题中，到目前为止，其在通信资源分配、云计算资源分配、智能电网中的能源分配以及停车资源分配中都有应用。然而，之前的研究都只考虑了同一时刻一种资源的分配，而在我们的问题中，充电涉及的道路和站点资源都是作为稀少和极易拥堵的资源的，而且这些资源之间有一定的连接关系，结合这些资源的特点，本研究构造了一种联合资源的拥堵博弈模型，即涉及两种相关资源的拥塞博弈模型。

Q-learning 是强化学习中一种离线时间差异的控制算法，在纳什博弈和运营控制中得以广泛应用，具有自适应学习环境的能力。首先，这个算法不需要设定任何关于环境的模型，而且其运算与初始值无关，这一点相对很多方法来说是一个优势。启发式算法也可以在博弈中达到均衡，但是它的结果常常受初始值设置的影响。从另一个角度来说，这就意味着 Q-learning 可以适应实时不稳定的交通环境。其次，Q-learning 中定义的行为-价值函数是一个优化函数，与采用的策略是无关的。这个重要的函数确保了 Q-learning 算法即使在随机参数序列下，也可以达到其最佳值，这一特性对有限的电动汽车序列非常重要，因为系统中申请充电的电动汽车是在随时变动的，而且城市中道路的交通状态也是在随时变动的，也就是说在这些随机变动的情况下，用该算法，理论上是可以达到最佳值的。再次，Q-learning 中的代理表现出很好的搜索能力，即使是在多代理的微分图形博弈中也能找到一个全局解决方案。

综上所述，现有研究中，以道路为易堵资源，考虑交通资源分配时，没有考虑交通服务资源的拥堵，这样容易造成车辆到达服务点后要排队等待，这并没有达到通过优化分配以实现提升服务效率的目的，因此本研究的问题是在道路和服务站构成联合易堵资源的条件下，如何实现车辆整体服务时间最短。电子实时路况可以提供实时路况数据，在自动驾驶阶段，通过网络技术，可以获知服务站点的状态，这一研究是可行且具备现实意义的。

二 研究思路及假设

在本研究设定的场景中，考虑了电动汽车充电行为会影响其经过道路的拥堵情况，而道路的选择，与其相关的充电站运营情况(或者说与充电站的拥堵状态)相关。问题是如何自适应地分配充电站，以最小化电动汽车的整体充电时间成本。本研究将充电站分配问题，转化为资源分配问题，通过博弈论模型来描述分配过程。由于道路和充电站都是易拥堵的资源，可以构造一个联合资源的拥塞博弈模型，来描述车辆和这些资源的交互情况。

为了将问题简单化，假设电动汽车都是相同型号的，且它们在智能交通系统中同时请求充电，本研究将其转化为一个同步充电站资源分配的问题。充电站的分配工作是由导航系统完成的。导航系统综合采集了路网交通状态数据和联网充电站的运营数据,尤其是充电站中的车辆排队情况。一辆电动汽车被分配的结果取决于当时道路的拥堵状态以及它附近的充电站的拥堵状态,而拥堵状态又与之前和其他电动汽车分配的结果有关系。这样持续的一个分配工作可以认为是一个马尔可夫决策过程,将其收敛控制设置为贝尔曼方程。解决该问题的瓶颈是将真实的拥堵状态映射为给 Q-learning 代理的学习奖励函数。

在本研究中,对相关问题的贡献可以总结如下:

(1)将 Xiong 等提及的城市交通拥堵,从区域平均水平拓展到了道路级别的平均水平。在本研究的问题中,与充电站联系的道路资源是道路级别的,因此对其交通状态的描述,也进一步细化为道路级别的拥堵状态。

(2)构造了一个联合资源的原型拥塞博弈模型去描述电动汽车在充电站之间的分配过程,考虑了两个相关联合资源的拥堵状态变化,这一点在之前的研究中是没有的。

(3)第一次将 Q-learning 算法用于搜索拥塞博弈模型的纳什均衡,将资源支付函数转化为 Q-learning 的奖励和控制参数,总体的目标函数是充电时间成本最低。

三 基于拥塞博弈和 Q-learning 的电动汽车充电避堵分配策略

在本研究场景中,电动汽车充电站及其路径的选择与道路拥堵状态之间的影响是相互的。模型中充分考虑了汽车充电所耗费的时间后,假设多辆电动汽车充电存在选择相同充电站和路径的情况,构造了联合资源拥塞博弈的系统模型,以电动汽车充电消耗时间最短为优化目标,借助 Q-learning 算法,实现了电动汽车充电的避堵分配。

(一)电动汽车的充电时间模型

本研究场景中讨论的电动汽车充电时间模型,包含两部分时间,一是电动汽车到达所分配的充电站的时间,二是电动汽车在充电站内等待充电的时间。整体优化的目标是使得电动汽车充电耗时最少。由于假设所有的车型以及发起充电请求的时机一样,所以可以认为所有车辆从接上充电桩直至充电结束的时间一样,就不再考虑这一部分时间。

1. 道路时间模型

定义rc_{ij}是电动汽车 i 到充电站 j 所花费的路途时间。通常认为该时间的值与 i 和 j 之间的距离、所经路段的拥堵程度以及车辆 i 的速度有关。在电子导航系统中,可以获知各路段这些交通流参数的实时值。通常,在决策的时候会考虑道路的拥堵状态,为了更好地分析由于充电引起的拥堵,可以将道路拥堵分成两个来源,一是道路常规拥堵,二是由需要充电的电动汽车引起的博弈拥堵。

[定义 6-3-1]　道路的常规拥堵状态

道路常规拥堵状态是除了汽车充电行为外的其他车辆行为引起的拥堵状态,其数值可以等于百度地图上的实时道路拥堵指数,用a_k^0表示路段 k 的常规拥堵。

[定义 6-3-2]　博弈拥堵状态

该拥堵是由电动汽车充电行为引起的,用CO_{ik}表示电动汽车 i 在路段 k 上引起的拥堵。

则有公式(6-4):

$$rc_{ij} = \lambda \sum_{k=1}^{K} (a_k^0 + CO_{ik}) \times d_{ik} = \lambda \sum_{k=1}^{K} a_k^0 \times d_{ik} + \lambda \sum_{k=1}^{K} \frac{n_{ik}}{CAP_k} \times d_{ik} \tag{6-4}$$

其中,λ 是一个调和常参数;d_{ik}是车辆 i 经过的路段 k 的长度;CAP_k是路段 k 的通行能力;n_{ik}表示车辆 i 通过路段 k 时,该路段所有的待充电车辆数。在路段 k 由于待充电车辆引起的拥堵指数可以计算为$CO_{ik} = n_{ik}/CAP_k$。对任意路段来说,在它设计建造成功的时候,其通行能力已经被设定,是一个不变的常数,因此可以认为该路段由待充电车辆引起的拥堵指数与该路段上分布的待充电车辆数量存在线性关系。

2. 排队时间模型

当车辆 i 被分配到充电站 j 进行充电的时候,如果 i 到达 j 时,j 的充电桩处于工作状态,则 i 会以排队的形式进行服务等待。当充电站联网工作后,每个充电站的排队情况是实时共享的,其主要问题在于对于某辆电动汽车 i,它在发起充电请求至到达充电站的道路上花费了时间,这段时间内每个充电站的排队情况可能会发生变化,因此需要去预测这段时间内充电站内排队状态的改变。对充电站来说,这段时间内,可能出现站内车辆充电完毕的情况,也就会有车辆进出两种情况出现,系统需要收集各站内车辆的进出数量及在线车辆的电量状态,从而做出有效的判断。

假设,在初始状态,各个充电站都没有车辆在充电。对电动汽车 i,从其开始接受充电服务到它完成充电需要 CST_i 个单位时间,该数值可以通过网络中的对应车辆信息获取,由于我们考虑的是同款车,则该值可以认为是一常量 CST。假设当 i 在申请充电的时候,充电站 j 中有 n_j^r 辆电动汽车,当 i 到达充电站 j 的时候,充电站里有 n_{ij}^a 辆车,则由其中关系可以获知 $n_{ij}^a = n_j^r - |rc_{ij}/CST|$。车辆 i 在充电站 j 中的排队等待时间 qc_{ij} 可以按公式(6-5)估算:

$$qc_{ij} = CST \times n_{ij}^a \tag{6-5}$$

当车辆 i 被分配到充电站 j 处进行充电,其从提出充电申请到得到充电服务,总的时间花费按公式(6-6)计算:

$$C_{ij} = rc_{ij} + qc_{ij} \tag{6-6}$$

(二)考虑联合资源的拥塞博弈模型

导航系统管理有限数量的电动汽车和区域充电站。本研究假设电动汽车会完全遵循导航系统的引导。道路和充电站都是易拥堵的资源,这些资源的信息实时传入导航系统中,其中道路可以认为是连接车辆和充电站的中介资源。本研究首先构造了一个联合资源的拥塞博弈模型来描述这个问题。

1. 模型的构造

介于传统拥塞博弈模型是由一个四元素的元组来表达的,我们的联合资源原子拥塞博弈模型也是一个组合的四元素元组,如公式(6-7)所示。

$$\Gamma = \{N, (K,M), (S_i \mid i \in N), (\textstyle\sum_i r\, c_{ik} l_{ik}, \sum_i q\, c_{ij} s_{ij}) \mid i \in N, k \in K, j \in M\} \tag{6-7}$$

其中:

(1)参与者:集合 $N = \{1,2,\cdots,n\}$ 代表需要充电的电动汽车集合,其基数 $|N|$ 表示电动汽车的数量。

(2)联合资源:集合 $M = \{1,2,\cdots,m\}$ 代表充电站,基数 $|M|$ 是充电站的数量;集合 $K = \{1,2,\cdots,k\}$ 代表有限道路,这些道路构成了区域电动汽车抵达充电站的路网,充电站和道路都是对电动汽车公开平等共享的资源。

(3)策略:集合 $S = \{S_1, S_2, \cdots, S_i, \cdots, S_n\}$ 表示电动汽车可以用于充电的策略集合。对电动汽车 i 来说,其策略包含了将要去充电的充电站以及前往充电站的道路集合,即 $S_i = \{(\amalg_{k \in K} l_{ik}, s_{ij}) \mid i \in N, j \in M, k \in K\}$,其中 $\amalg_{k \in K} l_{ik}$ 会跟踪记

录所有路线段的集合，s_{ij}会记录所分配的充电站。考虑到电动汽车和充电站之间是一一对应的关系，可知这是一个单体拥塞博弈，从而可以推断出对每辆电动汽车 i，都有如公式(6-8)和公式(6-9)所示的特性。

$$s_{ij}=\begin{cases}1 & \text{车辆 } i \text{ 选择了站 } j \\ 0 & \text{其他情况}\end{cases} \tag{6-8}$$

$$l_{ik}=\begin{cases}1 & \text{车辆 } i \text{ 选择了路段 } k \\ 0 & \text{其他情况}\end{cases} \tag{6-9}$$

且$\sum_j s_{ij}=1$，而一共是$|N|$辆电动汽车，所以$\sum_i\sum_j s_{ij}=|N|$。另外设定一个表示充电站状态的状态矩阵来跟踪记录每个充电站的拥堵状态，即$\eta=(\eta_1,\eta_2,\cdots,\eta_m)$，而$\eta_j=|\{s_{ij}=1\}|j\in M|$。

(4)支付情况：$\{(\sum_i r\,c_{ik}l_{ik},\sum_i q\,c_{ij}s_{ij})\mid i\in N,k\in K,j\in M)\}$表示道路和充电站这样的拥塞资源使用的成本，其变化取决于分配到它们的电动汽车数量。

优化平台的目标如公式(6-10)所示，其含义是将电动汽车所花的时间成本最小化，即

$$k,m=argmin(\sum_k rc_{ik}l_{ik}+\sum_j qc_{ij}s_{ij}) \tag{6-10}$$

其中：

$$s_{ij}\in\{0,1\}$$

$$\sum_j s_{ij}=1$$

$$\sum_i\sum_j s_{ij}=|N|$$

2. 纳什均衡存在的证明

设定充电站、道路、车辆的数量是有限的。在分配过程中，如果选择同一个充电站和同一段道路的电动汽车数量增加，道路和充电站将会增加拥堵程度，那么相应地，它们的资源使用成本也会增加。导航系统可以感知到每辆电动汽车的充电策略，一旦其中一辆电动汽车找到了它合适的路径和充电站，这个系统就达到一次暂时的平衡状态，直到后面一辆电动汽车的充电申请到来，如此循环，直至所有的电动汽车都完成了充电路径和站点的分配。任何车辆都不能通过单个改变其策略的方法来减少其成本。

这样的拥塞博弈存在纳什均衡，这是已经证明了的。

该均衡可以表达为公式(6-11)。

$$c_i(s_i^*,s_{-i}^*)\leqslant c_i(s_i,s_{-i}^*),i\in N,s_i,s_{-i},s_i^*\in S^t \tag{6-11}$$

其中，s_i^*表示电动汽车 i 的优化策略向量；s_{-i}^*表示除电动汽车 i 以外的其他

电动汽车的策略向量。

（三）电动汽车充电动态避堵分配策略

联合资源拥塞博弈模型可以将车辆在充电站及相关道路之间的分配过程描述清楚，也可以把车辆与两个关联资源之间的交互过程说明清楚。考虑到路段级别的交通拥堵和复杂城市交通路网，要想搜索到一个好的组合值是难度比较大的一份工作。而在动态规划中，Q-learning 算法曾经作为一种增量运算算法应用在类似的条件下，因此本研究尝试将其应用到新的拥塞博弈模型中。

Q-learning 是一个基于代理的方法，这个代理可以与其所在的环境进行交互并通过其行为引起的激励来调整自己的行为。在这个算法中有三个基本要素：环境、状态和行为。

本研究根据现有场景，以最短的道路单元为单位，构建了一个网格，将所有的资源根据它们之间的相对距离在网格中进行布局，如果道路的长度不是单位长度的整数倍，它将跨越基础单元格。也就是说，当两个路段相连时，可能存在多个跨越格子的情况。每个格子都会有自己的拥堵状态，如果格子中存在多个拥堵状态，则取其最大拥堵值作为整个格子的拥堵值。道路的可达性也是由格子的拥堵值来表达的。

场景中的状态设置是与代理的位置相关。每个格子都代表一个状态，状态集合表达为 $state = \{1, 2, \cdots, s\}$，一共有 s 个格子。对每个格子，都设定了增量奖励，一旦代理选择了格子中的线路，就会得到奖励，奖励的值与道路拥堵状态有关。这样，系统就可以记录下代理由于行为而引起的环境影响值。在这个网格中，代理的行为设定为四种：上、下、左、右，即行为的集合表达为 $Action = \{\mathrm{up}, \mathrm{down}, \mathrm{left}, \mathrm{right}\}$。

Q-learning 算法是基于行为-价值方程的。它有两个输入参数：行为和状态。在我们的问题中，目标函数就是使车辆充电的时间成本整体最小。通常，这个行为-价值方程，也就是控制函数是由贝尔曼方程来实现的，如公式(6-12)所示。

$$Q_{t+1}(s,a) = (1-\alpha)Q_t(s,a) + \alpha(r(s,a) + \gamma\, min_{\alpha'} Q_t(s',\alpha')) \tag{6-12}$$

其中，$\alpha \in [0,1]$是一个学习率；$\gamma \in [0,1]$是表示折扣因素；$r(s,a)$是即时奖励；$Q_t(s,a)$是时刻 t 时的 Q-value 值。

对每一辆电动汽车,都有一个训练学习的过程。当一辆电动汽车学习结束,确定自己的策略后,网格中每个格子的奖励都会发生变化。所有可能的状态-价值对都会进行测试。

训练过程,使用了 ε-greedy 贪婪策略来提升学习效率。也就是说,每辆电动汽车,代理会根据 ε 概率来随机选择行为,而每次行为的价值都是以最小化 Q-value 值为目标的。

算法 4:Q-learning 算法

输入:n——电动汽车的数量;

　　m——充电站的数量;

　　k——道路数量;

　　Epsilon——$\varepsilon \in [0,1]$,探索因子,是一个预设定的常参量;

　　λ,*CAP*,β——设计好的常参量;

　　d——距离矩阵;

　　a^0——道路初始拥堵矩阵。

输出:History——分配策略。

初始化:

　①(S,A);

　②与道路平均拥堵因子相关的奖励 *Rewards*;

　③*History* = [0,0,…,0] 是一个 $1 \times m$ 维向量。

设置 terminalSet 为 3 个充电站的位置。

重复(对每个电动汽车):

　重复于每个 episode:

　　使用贪婪策略选择状态-行为对(S,A)。

　　重复于该 episode 的每一步:

　　采取行为 A,观察奖励 *Rewards* 和状态 S;

　　通过贪婪算法,选择A',S';

　　用贝尔曼方程来更新状态-行为对;

　　$S \leftarrow S'$,$A \leftarrow A'$;

　　根据经过的路段和选择的充电站来更新奖励 *Rewards*。

　　直到 S 属于 terminalSet 范畴。

　更新输出向量 *History*。

四　数据仿真分析与验证

为了验证推荐的方法，本研究以重庆主城区域的一个真实地理地段为例，采集了相关的数据，来进行文中所用的方法。其中地段的示意如图 6-8 所示。

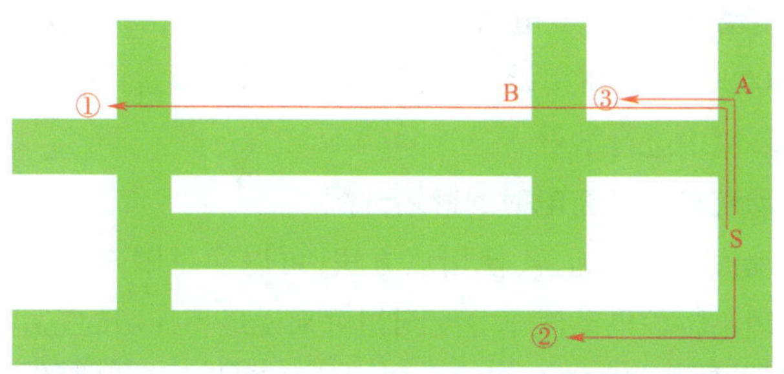

图 6-8　基于百度地图的实验场景示例

1. 场景数据介绍

在图 6-8 中，有三个带数字的圆圈，标注出了三个充电站的地理位置。“S”表示车辆发出充电请求的位置，为了简单起见，假设车辆都是在同一位置同一时刻发出充电请求的。这里，仅讨论三条路径，也就是一个充电站一条路。通过百度地图可以获知，从“S”出发，到三个充电站的距离比例约为 6∶3∶4。每个网格代表一个单位距离。根据现实情况构造一个网格图，如图 6-9a) 所示。一个格子表示系统的一个状态，也就是说，总共有 36 个状态存在，而终止状态是三个可选充电站所在的格子，分别是 14、17 和 18 号格子，每次递增的奖励为 1。最终的状态是由从“S”到三个可选充电站的整体最小奖励来决定的。

S					
		3			1
2					

a)

10 000	0.01	0.01	10 000	10 000	10 000
0.1	10 000	0.01	10 000	10 000	10 000
0.1	10 000	1	0.5	0.5	1
1	10 000	10 000	10 000	10 000	10 000
10 000	10 000	10 000	10 000	10 000	10 000
10 000	10 000	10 000	10 000	10 000	10 000

b)

图 6-9　网格图映射和初始奖励矩阵示例

图6-9a)是根据真实环境得到的网格图示例,可以看出从起始点到三个可选充电站点的可选路径及三者间的路程比例;图6-9b)是网格初始奖励示例,根据路径路况设定,其中“10 000”表示通过该格子,将受到最高惩罚,即非可选路径。而“0.1,0.5,0.01”是根据该格子的基本路况设定的奖励矩阵值。

2. 模型初始参数设定

在这次为电动汽车分配充电站的实验中,假设 $\lambda=1$,$cst=1$,$CAP=3$,$epsilon=0.8$,$episode=1000$。假设在初始状态,充电站中没有电动汽车,而代理会在如图6-9所示的环境中进行学习。

3. 单个电动汽车请求充电时的避堵分配

以单个电动汽车充电为例,使用该方法,可以通过图6-10观察Q-Value的收敛性能。代理会将该电动汽车分配到相对来说最不拥堵的充电站3。从这条曲线可以发现,大概迭代200次后,Q-Value会出现收敛。根据公式(6-4),可以计算得到从“S”出发到三个充电站所花费的时间成本分别是1.03、0.2和0.03。代理会选择那个相对最便宜的一个充电站。

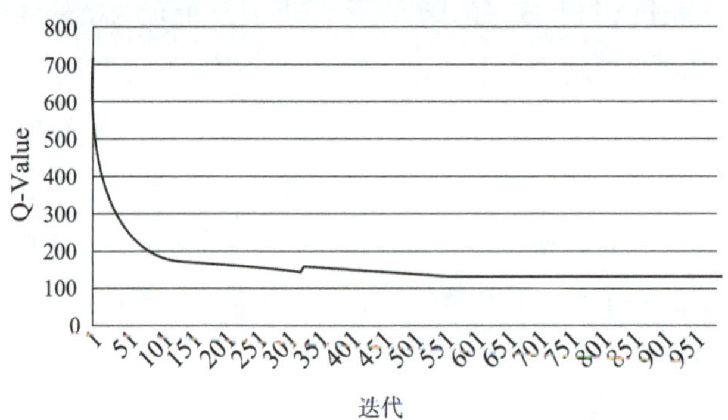

图6-10 对单个电动汽车实验的Q-Value收敛性能

4. 20辆电动汽车并发请求充电时的避堵分配

对每一辆电动汽车,代理会经过400次迭代为其找到合适的站点。表6-11列出了最初12次仿真的分配结果。在站点列的数字是最终该站点分配到的电动汽车数量。该结果显示,代理可以正确地完成连续分配任务。经过100次仿真后,这个代理会在站3分配最多的电动汽车。由表6-11可知,分到站2的电动汽车数量始终大于等于分到站1的概率为83.3%。由此可知之前设定的平均拥堵状态为$a_{s1}^{0}>a_{s2}^{0}>a_{s3}^{0}$。结果显示道路拥堵程度会降低车辆分配到其相连站点的概率。

最初 12 次仿真分配结果展示　　表 6-11

迭代次数	站 1	站 2	站 3	迭代次数	站 1	站 2	站 3
1	3	5	12	7	1	8	11
2	3	7	10	8	1	1	18
3	5	7	8	9	6	6	8
4	3	7	10	10	6	6	8
5	5	6	9	11	3	7	10
6	6	2	12	12	4	3	13

5. Q-learning 与遗传算法的性能对比

在解决多目标资源分配问题时,遗传算法常常得到运用。下面以遗传算法为基线对一辆电动汽车进行仿真,比较其与 Q-learning 算法的性能差异。对遗传算法,将交叉率设为 0.85,变异率为 0.01,种群规模为 3,然后得到了如图 6-11 所示的收敛性能图。图 6-10 中的曲线与图 6-11 中的曲线比较,可以发现图 6-10 中的曲线更加陡峭,收敛速度更快。可见用 Q-learning 算法较遗传算法有优势。而且,遗传算法作为一种常用的启发式学习算法,其性能与初始值设定关系紧密,要获得好的性能,可能需要大量时间去进行初始值调整。但是作为自适应算法的 Q-learning 算法,其结果与初始值设定关系不大,更加适合变迁随机性较强的真实场景。

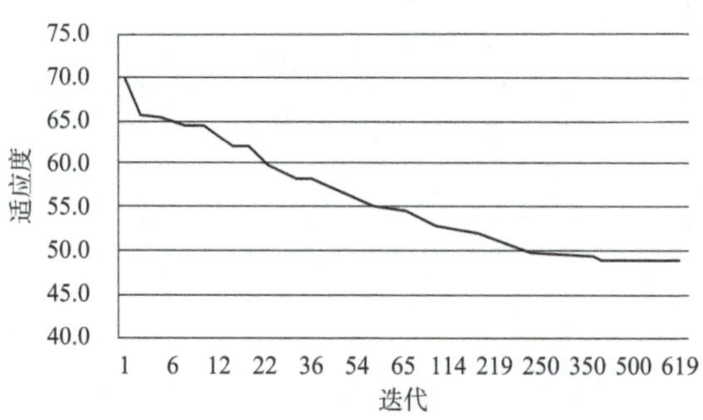

图 6-11　单电动汽车遗传算法分配的收敛性能曲线

6. 道路通行能力变化对系统收敛的影响

道路通行能力的定义是一个给定路段,在所有车道可用的情况下的最大车流量，是一个关键参数。道路越窄，相对来说，其通行能力越弱。在实际生活中，一旦电动汽车改变其充电策略，它经过的道路拥堵状态会随之改变。本研究改变通行能力的数值以观察其对系统收敛性能的影响。图 6-12 中有三种道路通行能力——1.25、3 和 5。从图 6-12 可知，无论通行能力大小如何，系统的收敛趋势是一致的。但是，它们会影响初始的 Q-Value。越小的通行能力，初始 Q-Value 越小。

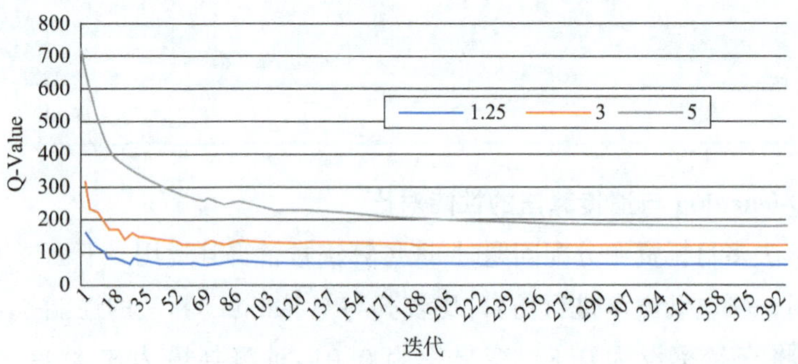

图 6-12　道路通行能力与系统收敛的关系图

7. 待充电汽车数量变化对系统收敛的影响

图 6-13 展示了电动汽车并发充电需求的数量与系统收敛性能的关系。从图 6-13 可以看到，对单个电动汽车而言，收敛速度是非常快的，随着并发电动汽车数量的增多，收敛后的差异会很小，因为资源已经全部处于拥堵状态。

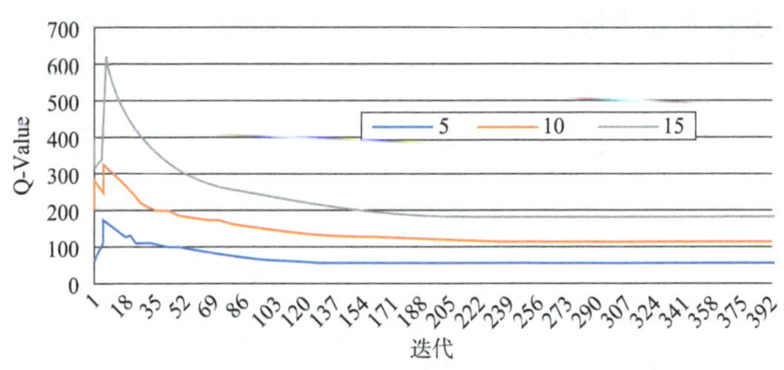

图 6-13　电动汽车数量与系统收敛的关系图

这里深入探讨了利用拥塞博弈模型和强化学习 Q-learning 算法来进行电动汽车分配与充电站之间的分配策略问题，这个系统可以部署在导航系统中。与之前的研究不同之处主要有两点：

(1)将道路资源与车辆服务资源(如充电站)联合考虑,构成联合拥塞资源。

(2)考虑的时间成本,包含路上的时间成本和在充电站内的等待充电成本,这些成本受到道路和充电站的交通状态的影响。

面对现实世界的车辆运行环境,本研究将其转换为一个网格来进行标识。目标充电站会被固定在网格中,根据它们从开始点的距离来部署。每个网格都对应一个系统状态,有着它自己对应的奖励水准。而这个奖励水准是由道路和充电站拥堵状态对应的时间成本决定的。对电动汽车而言,其行为包括向上、向下、向左、向右四个元素。导航系统部署在集中控制的云平台,它会根据系统情况对电动汽车一一进行充电部署。最终分配结果是为了使得所有的电动汽车都能最小化其总的时间成本。每个电动汽车的策略都是由其所在的环境决定的。这个分配的过程被看成是马尔可夫决策过程。而实验结果也验证了Q-learning 算法可以通过考虑道路和充电站内的拥堵情况,智能地完成这个分配工作。Q-learning 算法比遗传算法有更好的收敛特性。道路通行能力和并发请求的电动汽车数量都会影响最初始的 Q-Value,但是它们的收敛趋势是一致的。

本研究说明,可以通过自适应智能算法,在导航系统的帮助下,引导自动驾驶汽车在车辆-充电站中实现较好的分配,其中最重要的是将车辆通行环境以合理的方式栅格化,但是由于强化学习的基本原理,经典 Q-learning 算法会花较多的时间来完成学习过程。下一步研究会考虑改进算法,展开多出发点及多车况条件下的仿真。

第四节　城市交通状态时空演化分析方法

现实生活中,城市交通状态的变化常常是缓慢的,尤其是在高峰时段。为了能够有效控制高峰时段的交通流量,城市交通管理部门常常会实施一定的交通管控措施,那么,这些交通管控措施究竟会给城市路网交通带来多大的影响?如何量化描述这一影响?这一问题可以归属到城市交通状态时空模式的研究范畴。本研究将这个问题转化为探索城市整体交通状态时空模式识别和演化描述的问题。精准认识城市交通状态变迁,对分析城市拥堵的原因,研究城市拥堵机理,提高拥堵控制的效率和效果,有着重要的意义。

一 交通拥堵时空模式的研究

交通拥堵时空模式的识别是城市交通研究领域一个重要的基础研究内容。在识别交通拥堵模式的基础上,应进一步挖掘交通拥堵的时空关系特点,掌握拥堵传播的时空特性和演变规律,这样有助于做出城市交通状态的精准预测。城市交通状态是动态的,且是随机的,考虑交通状态模式之间的相似性可以提高运行时间、运行速度及交通状态预测的准确度。而这些交通预测精度的提高可以给交通运营者更好的服务支撑。比如,在进行路径规划的时候,可以平均节约16%的运行时间。学者们在这一研究领域一直在努力。韦伟等通过一种数据驱动的偶发拥堵时空传播效应评估方法证明,交通路网服务水平的降低,更多是受到拥堵传播的间接影响而不是突发的交通量影响,因此研究交通拥堵的传播规律和模式变迁方式是十分有意义的。Wen 等提出一种基于流量的排序算法来研究交通需求以更好地理解拥堵的传播。Ma 等利用 GPS 数据,采用受限玻尔兹曼机 RBM 和递归神经网络架构 RNN 来模拟和预测交通拥堵的演变。Chen 等用堆叠式的 LSTM 深层网络预测交通条件模式。Fouladgar 等提出了一种深度卷积网络和递归神经网络来学习不同交通要点的交通流,学习拥堵的点间传播方式。针对拥堵在路网中向四周放射传导的特性,周辉宇研究了相邻路段之间拥堵的传导方式。Shen 等利用政府或特定组织在社交媒体 Twitter 上的交通相关推文,应用时空频繁模式挖掘算法 TC_Apriori 的方法,发现拥塞路段共现的模式,迈出了挖掘全市交通拥堵相关性的第一步。孙秋霞等针对交通运行指数,对城市商圈交通的区间特性、时间维度及时空演变进行了系统分析。Chen 等指出相邻时段和连续日之间存在类似的交通拥堵模式且交通拥堵水平具有明显的多尺度属性,通过一种 PCNN 方法,在宏观尺度上发现了全局拥塞趋势,而在微观尺度上捕捉了拥堵的细节和变化。Guo 等提出了一种通过异构城市交通网络动态识别关键拥堵区域的方法,从而跟踪拥堵演化过程,还通过城市交通模拟器 Metropolis 生成的数据来提取大面积道路交通呈现出来的时间和空间特点。

交通时空模式的研究是多维度的,有的研究结合了特定场景,有的是在探索时空模式研究的方法,更多的是研究交通的规律性。比如,Rempe 等采用浮动车数据,考虑到了交通基础设施网络的局部相似性,第一次从浮动车轨迹的聚集程度和整个网络的拥堵程度之间相关的角度去理解城市拥堵空间模式。胡文燕等利用宏观交通模拟工具,通过计算道路饱和度,研究了不同强度暴雨内涝模式下,中心城区高架出入口和重要道路拥挤情况。Bao 等研究了公共假期时的交通拥堵模式。杨海强等提出了基于网格的拥堵模式研究方法。Zhao 等利用六个月内北京地区 233 条道路的 1016 万条交通拥堵指数记录,进行了交通拥堵空间和时间模式的长时段分析。陈宏飞等通过对微博文本进行多时间尺度分析,找到西安市交通拥堵的空间分布规律。这些研究分别从空间和时间的角度研究城市交通的模式。目前为止,对于拥堵时空变化特性的探索较少,仅 Zhang 等在定义了城市交通弹性的基础上,使用 GPS 数据,结合北京和上海两个超大城市的道路拓扑结构,发现该弹性符合无标度分布,交通弹性在时空拥堵的簇大小与其恢复持续时间之间具有缩放关系,而与微观细节无关,这一交通弹性的研究是对城市交通一种时空属性的研究,而不是时空模式的研究。同时考虑时间和空间的城市交通状态模式的研究具有重要意义,有待展开。

城市路网范围的交通状态数据复杂度高,且动态变化,捕获并度量其时空特征是有难度的。

初始,研究人员常常基于定点线圈获得的交通流数据来量化路网交通时空特征。定点线圈等数据是局部数据,Treiber 等使用交通流模型去校准和验证相邻探测器获得的速度时间序列,验证了通过局部数据的联网及拓展实现研究范围扩大的可行性。Yu 等利用交通流量、平均速度和占有率组成的三维空间数据构成向量,通过支持向量机模型来学习和识别交通状态模式。在研究识别大范围交通网络交通状态模式的问题时,由于涉及大量复杂的数据,学者们常常用特征约简的方法去提取数据特征并将其在低维空间展现。为了处理网络流量数据,主成分分析法、功能数据分析、基于字典的压缩理论和矩阵分形算法都得到了应用。Yang 等还分析了非负张量分解和聚类的组合方法。这些研究主要是分析和呈现历史交通数据,并没有在过程中考虑道路网络的限制、地理空间异质性,以及拥堵传播特性。而且这些方法有个潜在假设,就是原始参数之间存在线性关系。但是考虑到现实生活中,由于城市交通在高峰时段状态的常发性特点,会存在一个之前方法都没有考虑的非线性映射在交通时序变化中。

随后，基于通信数据、社交媒体数据，学者们结合可视化算法，构造了多种数据呈现的方法来显示城市交通时空特征，方便观察交通时空模式的变化。学者们将城市交通网络和原始交通数据映射到地理地图的网格中，通过时空图、灰度图以及其他一些交通参数图等形式直接、形象、生动地呈现出交通数据中的时空关系。电子实时路况地图也是其中一种形式。虽然这些图可以展现交通状态的演变，但是它们无法以数字量化的形式展现交通状态的演变过程。

常见的电子地图提供商都有电子实时路况地图产品，这些企业团队融合了多种来源的数据，含交通流数据、GPS数据、手机信令数据等，这些数据与城市地理信息数据融合，持续生成实时的全城交通状态图，这些地图数据同时保留了城市交通的时间和空间上的特征。这些数据被嵌入应用到真实的导航系统中，以支持在线交通相关的服务，比如路径规划等。这些数据是公开的、实时的，且保留着时空信息，已经被用于城市交通领域的研究。Song等基于这样的在线地图提取了交通数据来分析拥堵问题。Lan等从Emap中提取出了速度数据来挖掘道路上的时序特征。Gong等从数字地图中提取了交通状态时空数据来分析大范围的拥堵问题。Li等基于数字地图的交通指数值构造了交通指数云图后，他们还利用该云图的直方图特性实现了高峰期与非高峰期的分类。可以看出，不仅在学术上，在实践上，电子地图中的交通指数数据和图中的像素色彩信息都是有效的数据源。Boquet等在面对复杂的城市交通时空数据时，提出了一个假设，即交通数据的生成并不是随机的，而是有一个仅有少量维度的潜在空间在决定着城市交通的特征，他们用生成模型变分自编码器来验证了这一假设。到目前为止，还没有关于这个潜在空间的详细研究。

回顾传统研究，一般使用交通流参数来描述交通状态模式，比如交通流量和交通密度，单个参数通常很难精准反映交通情况。在分析大面积交通状态的时候，研究人员总是计算这些参数的平均值，可是平均值常常会抹掉一些特殊的特征。若采用兼顾了时间和空间特征的电子实时路况地图数据直接去挖掘和发现该潜在空间的特征，就可以忠实地反映出城市范围的交通时空变化，而对电子地图潜在空间的挖掘，可以使用图像重构的方法，这在图形图像处理领域已经较为成熟。

对城市管理决策者和交通运营者来说，发现整个城市交通状态的时空变化是非常重要的，尤其是早晚高峰时段的变化，毕竟高峰时段是交通治理的关注点。度量高峰时段交通状态的变化，可以帮助量化地评价高峰时段城市建设规划和政策实施的影响。对高峰时段的交通状态模式分析，最突出的场景就是在一些新交通政策发布的情况下，观察高峰时段交通情况的变化。一旦出现交通限行政策，驾驶人会改变他们在高峰时段出行的路线或者通勤方式。从全城角度来看，驾驶人的决定会给城市交通状态带来空间分布的改变。管理者需要去探测并度量这样的变化以调整交通控制决策，比如重新部署高峰时段交警的位置，以在较少的资源使用条件下，提高交通控制管理效果。然而，高峰时段的城市交通时空模式变化是连续而微小的，到目前为止，相关的探索很少。本研究以电子实时路况地图为研究对象，通过图像重构的方法探究交通状况潜在空间的特征向量，将复杂的交通时空问题简化为特征向量，以特征向量的变化来描述交通全局时空模式的变化，并尝试构造指数来实现该变化的量化。

综上所述，城市路网交通状态的时空模式是非线性变化的，其在高峰时段的变化过程有待研究，有利于评价各种交通管控措施的效果。本研究以实时路况地图为源数据，从图像数据学习的角度出发，根据图像中像素的色彩变化，挖掘图像特征的变化。图像特征的变化正是路网交通状态的变化，可以通过变化的情况评价效果。

二　城市交通全局时空模式演变的假设

电子实时路况地图可以通过道路像素色彩实时反映道路拥堵状态。假设城市交通状态的模式是有规律的，电子地图提供商能及时准确地更新它的城市交通状态图。每幅地图都被认为是一个用例x_i，其中i表示该图生成的时间。对城市交通网络的每个像素来说，其色彩是三个色彩选项中的一个，三色彩选项构成集合{红，黄，绿}，即每个实时地图将城市交通状态隐含在其像素色彩中。

对每一幅电子实时路况地图，都有一个代表其生成时刻全城交通状态的低维特征向量与之对应。那么，对一系列地图，就会对应有一系列的低维特征向量。这些低维特征向量的距离变化可以表达出全城交通状态的变化。本研究为了更好地呈现这些变化的规律，构造一个统计指数来度量这些距离变化的分布特征。因此，城市交通全局时空模式演变这一问题被定义为一个隐空间特征

提取和该特征变化统计测量的组合问题。

三 城市交通全局时空模式演变的量化

实时路况图中的像素色彩变化记录着相应路段交通状态的变化。因此,为了呈现城市交通网络的空间分布,本研究提出了一个基于堆叠卷积自编码器的方法框架去捕获并度量这些色彩的空间分布特征,并构造一个统计指数对其进行量化描述。在对数据有个简要的介绍之后,本研究将介绍提出的方法。

(一)数据处理介绍

本研究的输入数据是一个由一系列电子实时路况地图构成的时间序列,其中路段的不同色彩展示着相应路段的交通状态。作为一种约定俗成的共识,在电子实时路况地图中,用红色表示拥堵,黄色表示缓行,而绿色代表畅通,其中默认状态为绿色。地图的大小和颗粒度,取决于研究范围的大小。地图的比例尺越大,则单屏能够覆盖的地理范围就越广,分析的颗粒度就越粗。比例尺越小,单屏能够覆盖的地理范围则越小,分析的颗粒度就越细。在地图中,包含了所有的地理信息,如学校、商场、医院、小区等,这些像素信息的存在会给问题的解决带来很多干扰,为了避免不必要的研究噪声,本研究通过图像处理的方式,制作了城市路网的模板,过滤掉了除路网外的其他像素。电子地图会实时展现路网路况,它会按照一个特定的时间间隔来更新整体道路交通情况,以百度地图为例,它是每隔 3min 更新一次电子地图。图 6-8 给出了百度实时路况地图的一个处理案例。其中的绿色像素是本研究的研究对象整体。

(二)方法框架介绍

本研究要研究的是城市整体交通时空模式的演变,利用一个堆叠卷积自编码器模型来学习实时路况地图序列。即自编码器模型的输入是一个连续时段的实时路况地图序列,输出则是学习该序列得到的潜在空间特征向量。根据这些向量,可以分析全城交通时空模式的演变模式。

详细的整体研究方法框架如图 6-14 所示。图 6-14 中可见,输入框架的是一个图片时间序列，框架的输出是一个命名为卷积自编码器指数（CAIndex）的统计指数，总的处理过程分为三步。

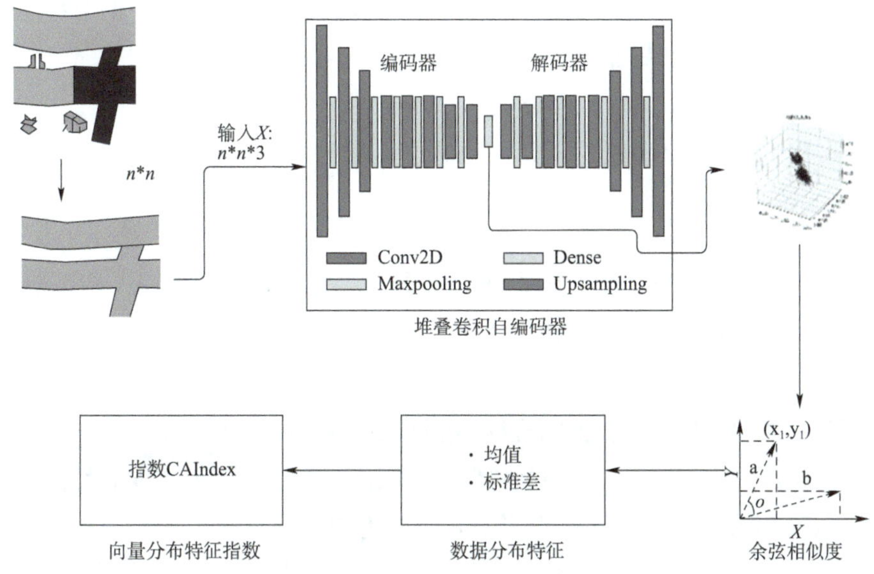

图 6-14　识别城市交通低维特征的方法框架

1. 从单个交通状态图中提取低维特征向量

图 6-14 中的核心部件是一个堆叠卷积自编码器，这个自编码器识别图中路网中 RGB 色彩的空间分布，将一个图片转化为一个潜在空间的低维特征向量。

自编码器由一个编码器和一个解码器构成，是一个结构对称、可以实现自我监督学习的神经网络。它的基本原理是不断对比输入和输出之间的差异，从而找到一个最合适的向量作为其整体结构中间隐层的输出，该向量能够最小化输入和输出的差异。卷积层在神经网络理论中常用于采集图片的空间特点。当用卷积层代替了自编码器中的全连接层，就可以得到一个卷积自编码器，用它来捕捉和呈现论文输入图片数据中的低维特征。

一个卷积神经单元包含一个卷积层和一个池化层。对卷积层，其学习粒度取决于其事先定义好的滑动子窗口的维度。为了获取到 RGB 模式下图像像素级别的特征，本研究设定子窗口的维度为 $k\times k$，滑动步数为 s。而对池化层，本研究选择的是 $m\times m$ 的 maxpooling 计算方式，以获取到子窗口的上限算子。

假设 X 是输入，一个自编码器完成的工作是去学习一个函数 si，使 $si(X)\cong$

X。这个目标函数 si 会捕捉到输入数据潜在空间的特征并完成对输入的重构。X 与 $si(X)$ 之间的损失会用于 BP 算法(Backpropagation Algorithm)以确保网络结果的准确度。一旦网络训练好了,基于其结构参数可以获得一个低维特征向量。这个潜在空间的表示方程 h 可以表达如式(6-13)。

$$h = f(W_e X + b_e) \tag{6-13}$$

选择激活函数为双曲正切函数,即如式(6-14)所示。

$$f(z) = tanh(z) = \frac{e^z - e^{-z}}{e^z + e^{-z}} \tag{6-14}$$

这个函数有个特点,就是其微分形式与函数本身有关系,即$tanh'(z) = 1 - tanh^2(z)$。而相应的解码器会通过式(6-15)重构输入。

$$si(X) = f(W_d h + b_d) \tag{6-15}$$

其中,W_e、W_d、b_e和b_d分别代表权重矩阵以及编码器和解码器的偏差向量。它们属于自编码器的参数集。对自编码器,其输出层的维度等于 h 的维度大小。

图 6-15 详细地描述了论文所构造的堆叠卷积自编码器。该自编码器由 17 个卷积层构成。其中编码部分,有 8 个卷积层,有一致的 kernel size、padding 和 Maxpolling 设置,且激活函数均为 $tanh$ 函数,变化的是各层的核数量。解码部分,也有 8 个卷积层,基本参数与编码部分一样,由 Upsampling 替代了 Maxpooling,各层的核数量也在发生变化。编码结束是通过 softmax 获得了一个三维的特征向量,解码结束是通过一个卷积层将编码获得的特征重构成与输入大小一致的图像。

通过图 6-14 所示的堆叠卷积自编码器计算后,每一个图片都被转变成一个低维特征向量 h。对某一特定时间内的一系列图片,相应地就会有一个统一的低维向量集合。

2. 计算一个观察时期内低维特征向量的相似度

鉴于本研究的目的是要发现观测期内路网交通状态的变化,而每一幅路网交通状态图都转化为了一个低维向量,因此要探索一个观测期内低维特征向量的变化。参考社交网络中的测量方法,可检查向量之间的余弦相似度。

对一个预先设定好的时间段,表示为 A,这段时期内有 N 张图片,相应会存在 N 个低维向量。我们将其描述为$\widehat{H}_A = [h_{A1}, h_{A2}, \cdots, h_{AN}]$,其中 h_{Ai}是在时刻 i 生成的交通路况图对应的低维特征向量。

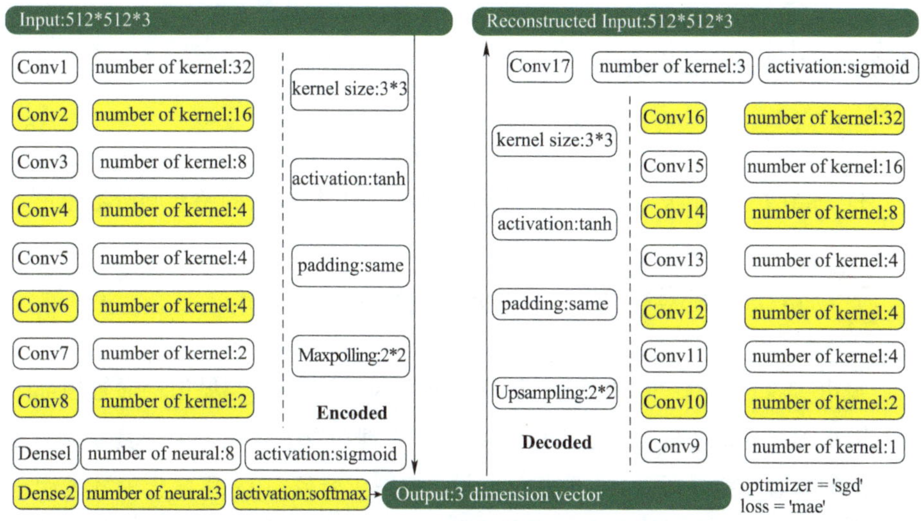

图 6-15　构造的堆叠卷积自编码器结构图

计算 h_{Ai}和 h_{Aj}之间的余弦相似度，计算方法如式(6-16)所示。

$$Sim_{ij}=\frac{h_{Ai}\cdot h_{Aj}}{|h_{Ai}|\times|h_{Aj}|}\tag{6-16}$$

其中，$i,j\in[1,N]$。因此，可以得到一个相似矩阵 A。

3. 以 CAIndex 来表示特征向量的分布特征

基于相似矩阵，本研究计算时期 A 中向量的相似统计特性。对某个固定向量 i，其平均相似度如式(6-17)计算。

$$Mean_{Ai}=\frac{\sum_{j=1}^{N}Sim_{ij}}{N}\tag{6-17}$$

而 A 的整体平均如式(6-18)计算。

$$Mean_{A}=\frac{\sum_{i=1}^{N}\sum_{j=1}^{N}Sim_{ij}}{N^2}\tag{6-18}$$

整体的标准差通过式(6-19)计算。

$$Std_{A}=\frac{1}{N}\sum_{i=1}^{N}\sqrt{\frac{\sum_{j=1}^{N}(Sim_{ij}-Mean_{Ai})^2}{N-1}}\tag{6-19}$$

这里定义一个基于式(6-20)的相对指数 CAIndex 来呈现 A 的统计特性。CAIndex 的分母是 A 的平均数，分子是 A 的标准差取对数运算，该对数运算与标准差本身是正相关的,只是因为考虑到标准差数值很小,为了更好地表现出数值的走向而进行了对数运算。

$$\mathrm{CAIndex}_A = \left| \frac{log_{10} Std_A}{Mean_A} \right| \tag{6-20}$$

这个指数 CAIndex 可以从相对角度区别显示其相似度的差异和分散程度。

四 重庆主城限行政策对其交通的影响

城市交通时空模式受到了自然因素和社会因素的影响,当城市交通管理部门执行限行等交通管理政策时,路网交通状态按常理会发生变化。为了验证本文方法框架的有效性和可行性,将上述方法框架应用于研究 2018 年重庆主城区颁布的一次车辆限行政策对城市交通状态的影响。出于此目的,本研究将采集到的截屏数据,根据早晚高峰和限行时期内外两个条件,分成四大类数据集合。

(一)数据介绍

重庆四面环山,长江和嘉陵江穿过其主城区域,桥梁在整个城市交通体系中占据重要地位。在 2018 年 4 月 21 日至 11 月 7 日之间,城市交通管理部门对黄花园大桥、嘉华大桥和渝澳大桥三座大桥进行桥面的维修维护。这三座大桥连接着三个行政区,分别是渝中区、江北区和南岸区。考虑到桥的承载能力和工作日的过桥压力,政府在桥梁维护期间,针对工作日的 7:00—22:00,实施了一周一天限行的车辆限行政策,即以车牌号最后一位数字为依据进行分组,每周工作日有一天限行,周末和节假日不限行。本研究对比分析了在限行政策执行期内外,交通时空模式的变化。

本研究通过 Python 程序获取了百度地图中的实时交通路况图的原始截图,每 3min 更新一次,地图的颗粒度依然是 12 级,覆盖了重庆主城区域约 700km^2 的区域。本研究通过 Python 程序对图像中色彩的判定,提取了主要道路网络像素,去掉了干扰像素,作为整个方法框架的输入。在限行期间,总共有 50688 张有效截屏;限行期外,有 25586 张有效截屏。鉴于经验,早高峰设置为 7:00—10:00,晚高峰为 17:00—20:00。考虑到不同的高峰时段,早高峰一共有 20734 张截图,而晚高峰有 29954 张截图。基于这四个数据集来做实验。

(二)堆叠卷积自编码器的参数设置

这些没有带任何标签的 RGB 图像数据被作为输入数据喂入堆叠自编码器。数据被分为训练集和验证集两部分，设置的验证率为 $ratio = 0.3$，即使用总数据量 30% 的数据用于验证。实验设定自编码器的输出 h 为一个三维向量。这里需要说明一下将输出选为三维向量的原因：如果只将输出定位 1 维向量，则对一个时间序列，只能获得一条曲线；如果将输出设定为二维向量，将得到一个平面；为了更好地将这些向量在立体坐标中呈现，以展现丰富的特征，这里设定输出为三维向量。

该系列 RGB 图片有三个通道的输入，每个通道的取值区间都是$[0,255]$。由于一个卷积网络在数据范围为 0 ~ 1 时会表现得更好，我们对数据进行了归一化处理。假设 B 是表示一个图片的原始矩阵，其大小为 $n \times m$，$B(i,j)$ 是在图像中位置为(i,j)的原始像素色彩值，其中 $i \in [1,n]$，$j \in [1,m]$。这里设定 $B'(i,j) = B(i,j)/255$，以得到归一化后的输入B'。

对卷积层，设参数 $k = 3$，$s = 1$，$m = 2$。也就是说，本研究使用一个 3×3 的子窗口，通过单步滑动步长来完成空间特征的捕捉。度量损失采用平均绝对误差(Mean Absolute Error，MAE)来度量，它可以反映出预测误差的状态。对优化器，本研究采用随机梯度下降(Stochastic Gradient Descent，SGD)来进行自适应学习。随时监控损失值来避免梯度消失问题，其中，设定最小的学习率(Learning Rate，LR)为 LR = 0.001。

(三)堆叠卷积自编码器的训练性能

四个分类好的数据集分别喂入堆叠卷积自编码器。本研究展现了早高峰的两类数据集训练得到的损失曲线，如图 6-16 所示。

从图 6-16 可以看出，这个堆叠卷积自编码器的损失不但初始值很小，而且经过几次迭代后会快速收敛。结果表明这个神经网络的参数设置使得损失收敛迅速，不会出现梯度消失且能有效学习数据。

(四)限行政策对高峰时段整体交通状态模式的影响

本研究将特征向量在三维坐标中展示，如图 6-17 所示。从图 6-17 中可以很明显地看出四个高峰时段中不同的交通状态模式。本研究还计算了四种情况下不同的 CAIndex 值,如表 6-12 所示。在表 6-12 中,早高峰时期 CAIndex 的变化是 0.81,晚高峰时期 CAIndex 的变化是 0.49。由于 0.81 >0.49,说明早高峰时段的变化要大于晚高峰时段的变化。可见,该限行政策对早高峰城市交通的影响要大于对晚高峰时期的影响。

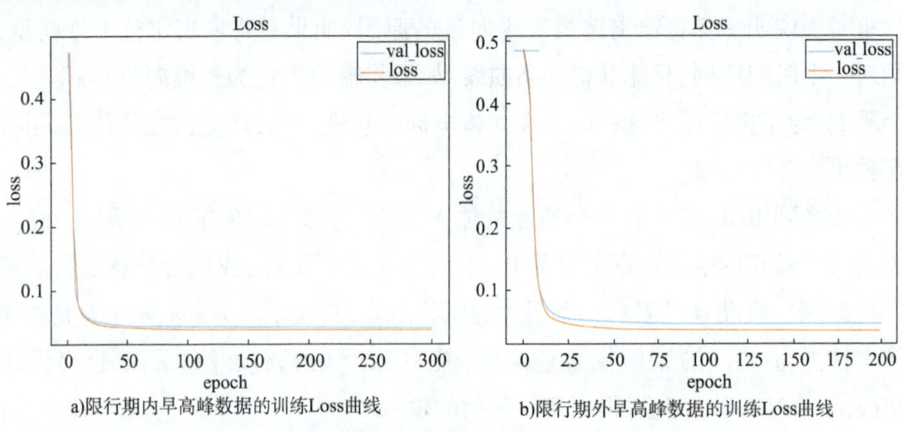

a)限行期内早高峰数据的训练Loss曲线　b)限行期外早高峰数据的训练Loss曲线

图 6-16　不同训练数据得到的不同损失曲线

图 6-17e)和图 6-17f)分别显示出在限行期内外,特征向量分布的对比情况。

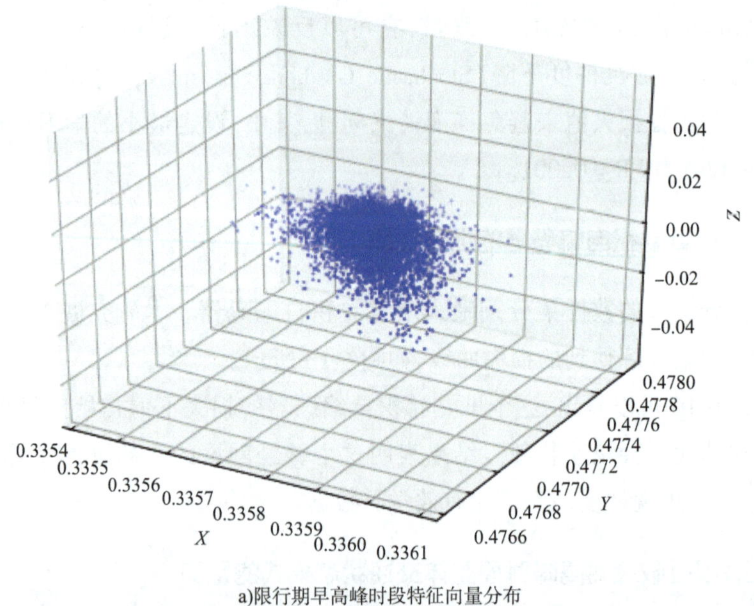

a)限行期早高峰时段特征向量分布

图　6-17

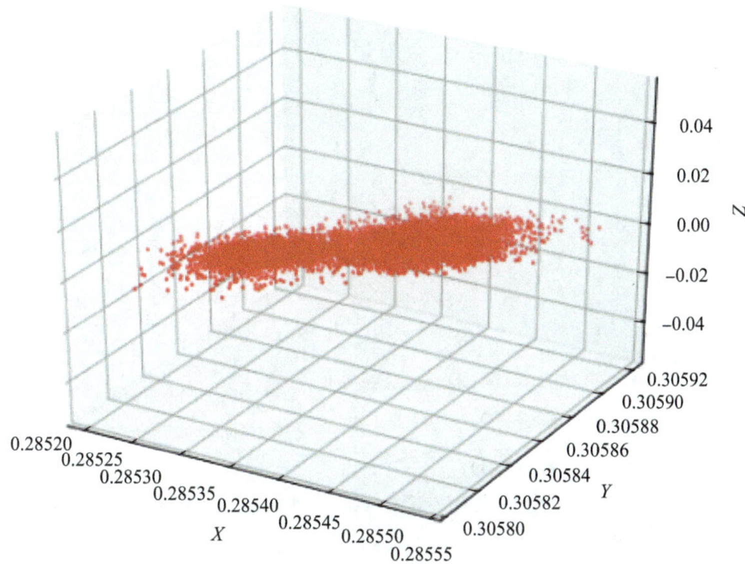

b)非限行期早高峰时段特征向量分布

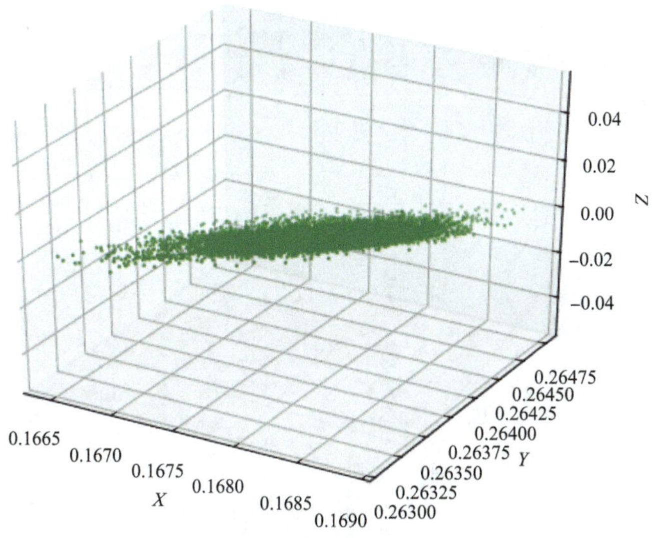

c)限行期晚高峰时段特征向量分布

图　6-17

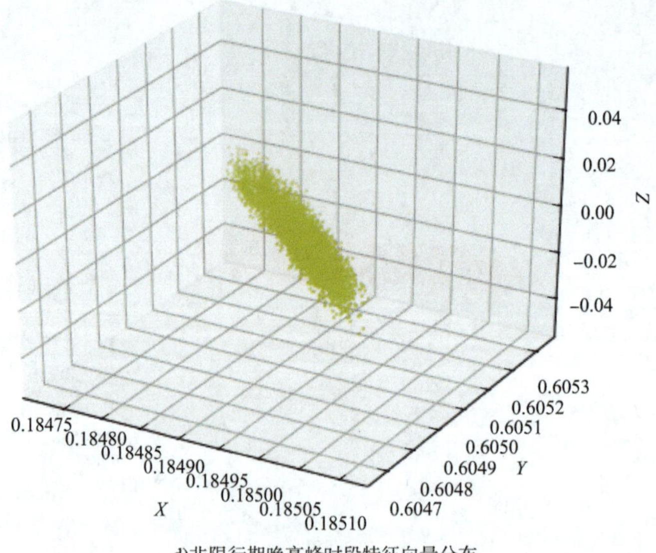

d)非限行期晚高峰时段特征向量分布

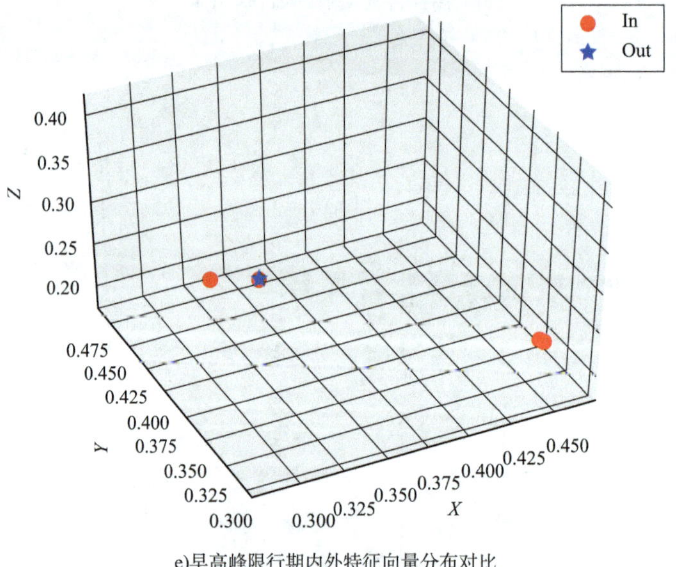

e)早高峰限行期内外特征向量分布对比

图 6-17

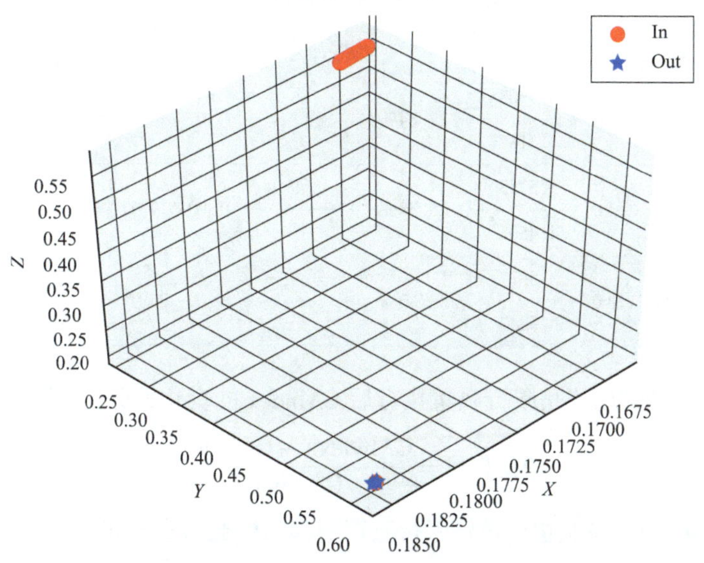

f)晚高峰限行期内外特征向量分布对比

图 6-17　堆叠卷积自编码器获得的特征向量

限行期内外不同高峰时段的 CAIndex 值　　表 6-12

是否限行	高峰时段	平均值	标准方差	CAIndex	CAIndexChange
否	早	0.9998349	0.000192899	3.715283972	0.81
是	早	0.9999756	0.0000298	4.525528318	
否	晚	0.99985284	0.000168149	3.77486006	0.49
是	晚	0.99992346	0.0000542	4.266260822	

其中指数 CAIndex 的变化是：$\text{CAIndexChange} = |\text{CAIndex}_{是} - \text{CAIndex}_{否}|$。

以小时为单位来观察 CAIndex 的变化，其表现见表 6-13。对早高峰来说，7:00—8:00，CAIndex 产生的变化高于 8:00—9:00 的变化。而早高峰 9:00—10:00 的变化是最大的。可见限行政策对早上的影响最大的时段是 9:00—10:00。

对晚高峰时段，最大的影响发生在 18:00—19:00。

对城市交通状态每小时的变化观察　　表 6-13

是否限行	高峰时间	CAIndex	变化程度	是否限行	高峰时间	CAIndex	变化程度
否	7:00—8:00	3.5303	27.84%	否	17:00—18:00	3.7249	20.17%
是		4.5132		是		4.4762	
否	8:00—9:00	3.5355	25.88%	否	18:00—19:00	3.6861	22.01%
是		4.4505		是		4.4974	
否	9:00—10:00	3.5317	28.40%	否	19:00—20:00	3.7396	20.73%
是		4.5347		是		4.5147	

其中“变化程度”是限行政策执行后 CAIndex 的变化百分比，定义为

$$\text{变化程度} = \frac{\text{CAIndex}_{\text{是}} - \text{CAIndex}_{\text{否}}}{\text{CAIndex}_{\text{否}}} \tag{6-21}$$

CAIndex 可以捕捉由于车辆限行政策引起的交通时空分布变化，并以量化的形式呈现出来。如果在这里仅仅考虑变化的平均值，那么从表 6-12 中的平均值一栏可以看出，在限行前后的差异不大；观察标准方差一栏，可以看到其变化在实施限行政策后要比没有实施限行政策的时候小。由于标准方程对其值差异变化的数值影响占据重要角色，可知这次限行减少了在高峰时段城市拥堵的空间分布程度，也就是说在限行期间内，城市拥堵的空间分布更加集中，这与常识认知也是相符的。由于居民的通勤情况，生活和工作的地点不可能因为短期的限行政策而改变，但是在部分桥梁限行的时候，居民会选择合理的替代出勤方案（包括行车路线），在必须过江的情况下，可选余地有限，因此拥堵空间较未限行时更加集中。

（五）限行政策对工作日高峰时段交通状态模式的影响

由于网络原因，部分数据出现了不可用的情况，经整理后，本研究的输入数据中有 8 个月的早高峰数据和 12 个月的晚高峰数据。借助这些数据，可以尝试去比较限行期内外的统计特征以说明交通状态模式的演变。图 6-18 中的箱体图显示了这些特性，图 6-18 中红色框突出显示限行时期的特征。从图 6-18 中可以看出，早高峰时段，除了周五，整体特征向量的距离相对较为平稳。在限行期内，距离向量的变化和平均值都比限行期前低。可见，由于限行政策的实施和公共通勤需求，在城市整体有限的道路选择情况下，在限行期内，交通拥堵会更加集中。

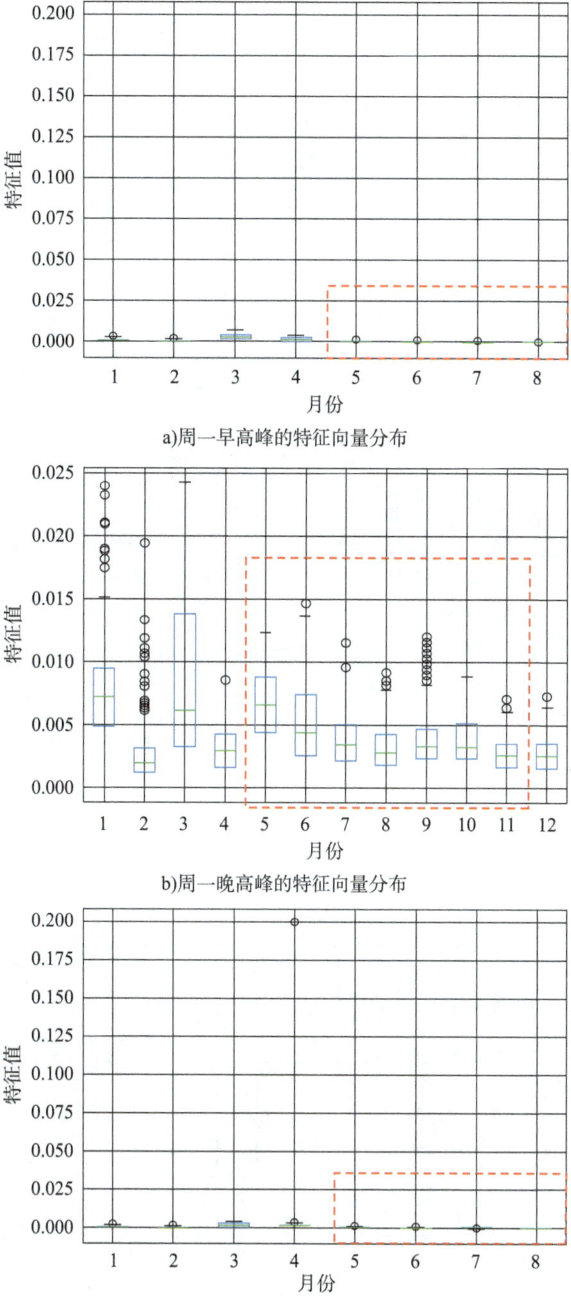

a)周一早高峰的特征向量分布

b)周一晚高峰的特征向量分布

c)周二早高峰的特征向量分布

图 6-18

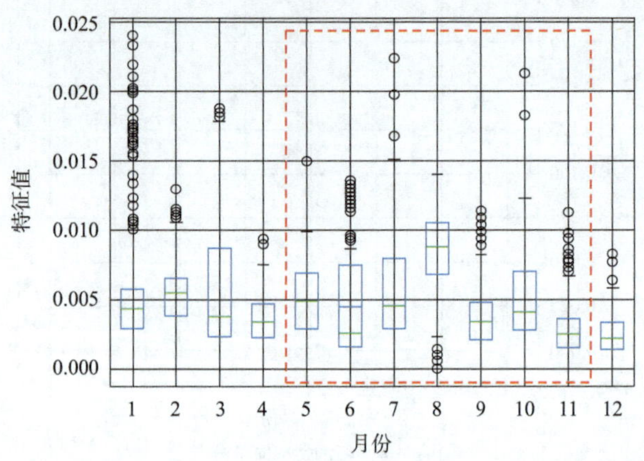

d)周二晚高峰的特征向量分布

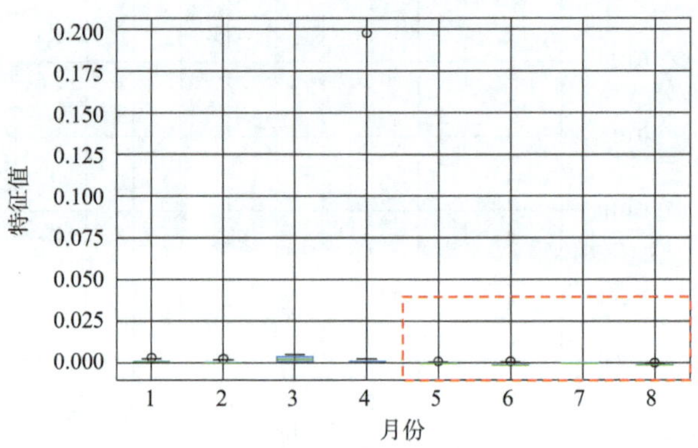

e)周三早高峰的特征向量分布

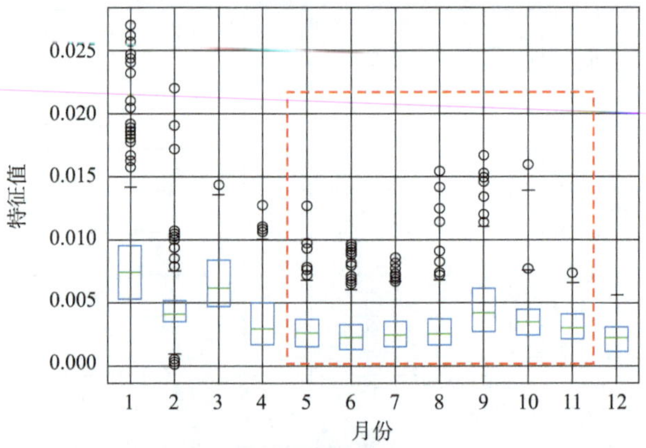

f)周三晚高峰的特征向量分布

图 6-18

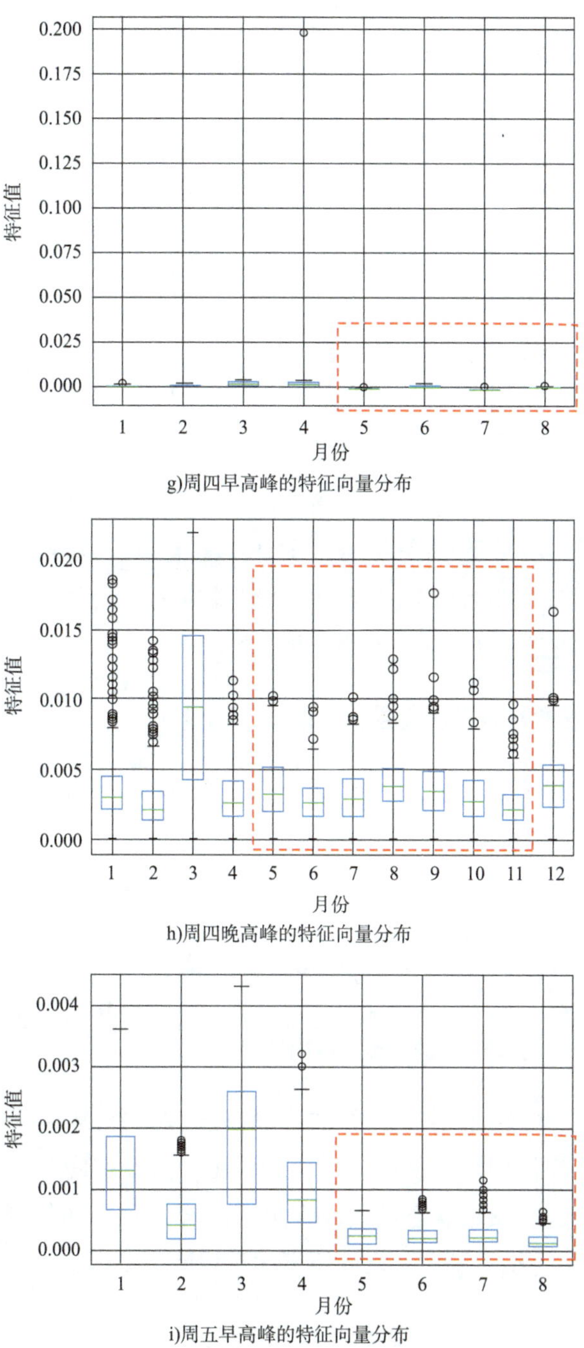

g)周四早高峰的特征向量分布

h)周四晚高峰的特征向量分布

i)周五早高峰的特征向量分布

图　6-18

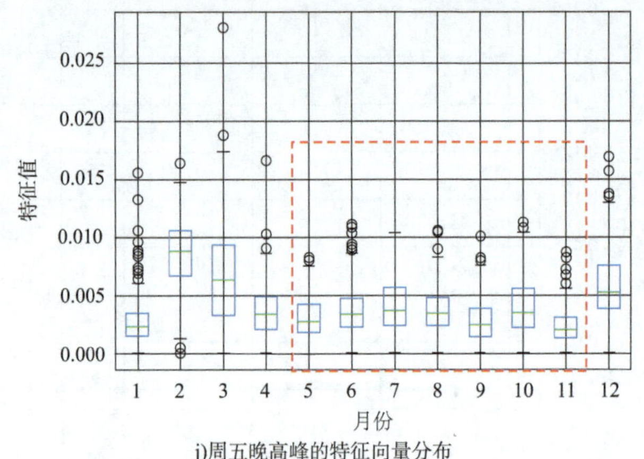

j)周五晚高峰的特征向量分布

图 6-18　工作日高峰时段特征向量的距离分布箱体图

然而,在晚高峰时段,情况是不一样的。限行期内,五月和六月中,周一的晚高峰曲线波动比其他月份多,其他时间段比较平稳。而周二晚高峰时段明显要更加动态化,周三晚高峰的交通是最平稳的。

(六)限行政策对节假日交通状态模式的影响

本研究观察的限行政策,在节假日是不执行的。本研究通过检测节假日数据的结果,从反面来验证本研究的方法。

观察图 6-19 可以发现,限行前后的早晚高峰期全城交通状态模式没有明显变化,可见本研究的方法可以正确区分限行与非限行期间的交通状态模式。

(七)高峰时段整体交通状况的演化

高峰时段,往往就是早晚各 3h 的阶段,在这 6h 中,从连续时刻的视角来看,城市交通状态非常接近,变化是微小的。由于潜在空间特征向量可以代表对应时刻的全城整体交通状态模式特征,因此向量之间距离的变化代表着整体交通状态模式的变化,跟踪向量之间距离的变化就可以了解观察时段内整体交通状态的演化。

观察图 6-20,可以发现在早高峰和晚高峰的曲线图里,都出现了一个陡变的过程,通过检查发现,正对应着限行政策开始的时刻。从整体趋势来看,早高峰的曲线比晚高峰曲线波动幅度大。晚高峰的变化要比早高峰频繁，但是相对平稳。

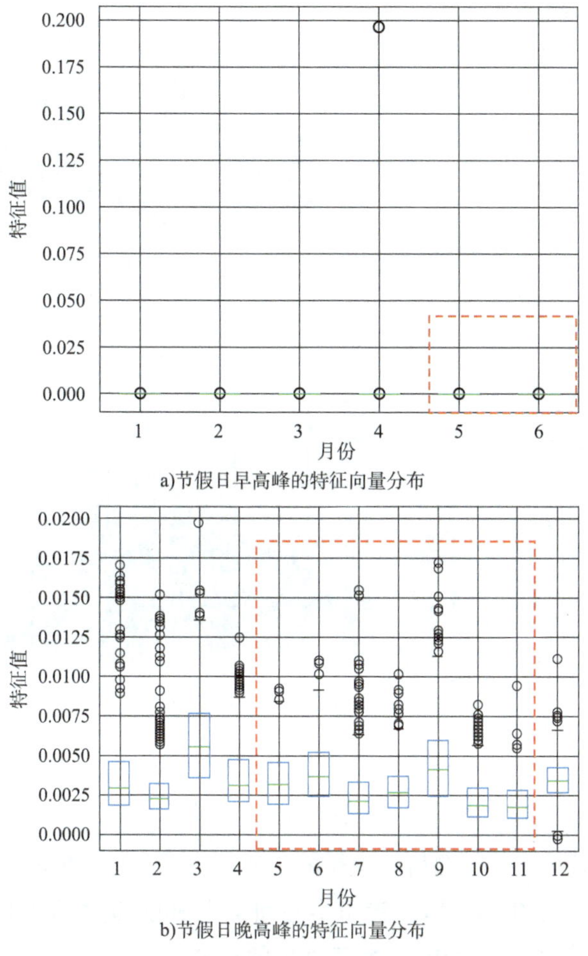

a)节假日早高峰的特征向量分布

b)节假日晚高峰的特征向量分布

图 6-19　节假日高峰时段特征向量分布箱体图

(八)指数 CAIndex 与一氧化碳指数之间的关系

城市交通状态的随机动态特性使得验证交通状态模式的时空变化不是一件简单的事情。所幸，Choudhary 等和 Xu 等已经证实了在交通状态和大气污染排放之间有紧密的关系。一氧化碳是大气污染中常常考虑的一种气体，它与交通速度有直接的关系。本研究对指数 CAIndex 和一氧化碳指数之间的关系进

行了实证分析。

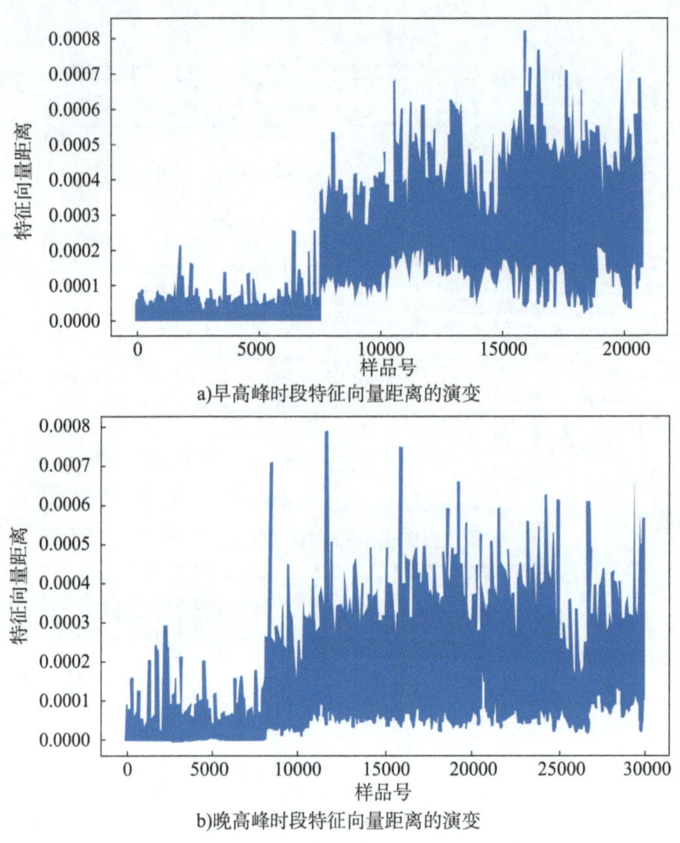

图 6-20　高峰时段特征向量距离的演变

车辆限行政策是为了缓解三座桥的交通压力，而这三座桥与渝中区地理相连。渝中区是重庆的金融中心、商贸中心和文化中心，集中有大量公司，通勤需求比较高，该政策会直接影响渝中区进出的车流量。在渝中区，有三个大气观测站点，即上清寺、歇台子和南坪3个站点。

2018年的1月1日至5月31日，总共收集了763条一氧化碳排放记录数据。本研究通过SPSS 25.0来测试这些排放记录数据与CAIndex之间是否存在一定的相关性。通过双尾皮尔森相关性测试，结果发现两者之间的置信区间为99%，证明两者间存在显著线性关系。图6-21a)展示了一氧化碳排放和指数CAIndex的整体关系。为了更清晰，本研究放大了限行政策施行日期(即4月23日)前后一周的变化，见图6-21b)。很明显，两条曲线之间有强线性相关性。

由于一氧化碳排放与交通状态有紧密关系，CAIndex 也与交通状态有紧密关系。因此，CAIndex 可以反映高峰时段交通状态的时空特性。

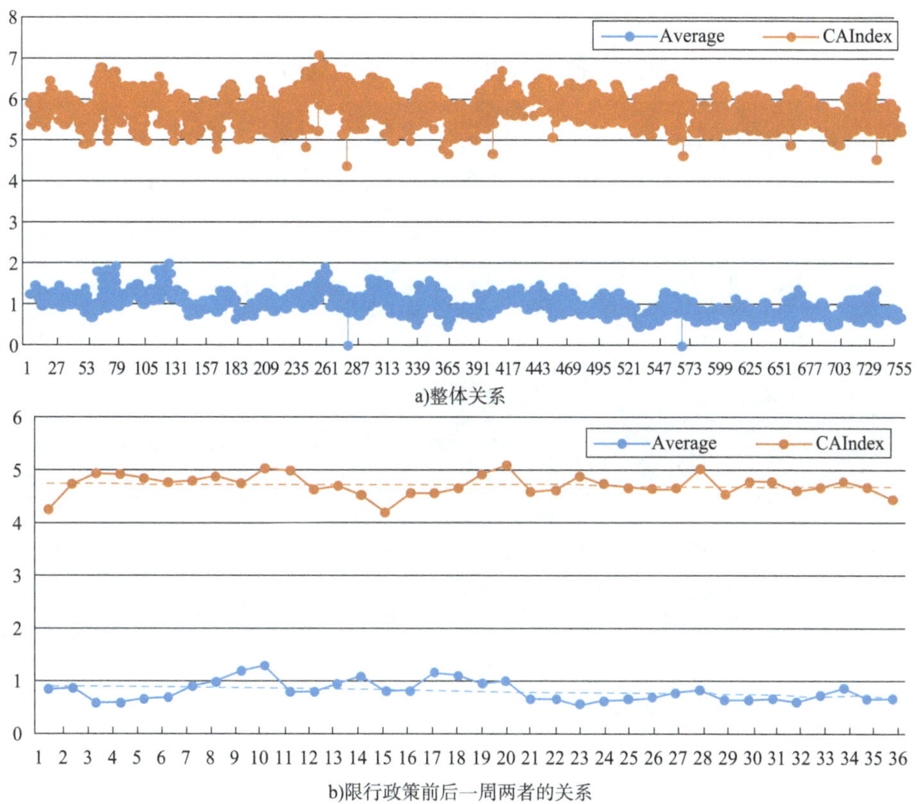

图 6-21 一氧化碳排放与 CAIndex 之间的关系图

进一步仔细观察各个变化。从表 6-14 中的数据可以看出，在上清寺站点，早高峰和大多数晚高峰期间，一氧化碳排放有着很明显的下降。最明显的变化发生在 7 时，下降了超过 35%。相对来说，在晚高峰时段内，下降的程度比较小，大概是早高峰时段的十分之一。只有在 17 时的时候，排放量反而是增加的。从图 6-22a) 中，可以看出来限行政策前后，一氧化碳的排放量模式发生了变化，可见政策直接影响了这个站点附近区域的交通流量。

歇台子坐落在九龙坡区，这个区与渝中区地理上紧密相连。根据表 6-14 可知，无论是早高峰还是晚高峰时段，歇台子站点的排放量都有很大的提升。最明显的提升发生在 8 时和 19 时。相对来说，晚高峰时期提升的幅度要比早高

峰时期大。这个限行政策对九龙坡区的交通状态影响是在晚高峰大于早高峰。图 6-22b）中可以明显看出两种不同排放模式，早高峰时段内的变化幅度也比较大。

三个大气观测站获得的一氧化碳排放数据对比　　表 6-14

站点	时刻	无限行	有限行	变化	站点	时刻	无限行	有限行	变化
上清寺	7 时	1.48	0.95	-35.81%	上清寺	17 时	0.8	0.84	5.00%
上清寺	8 时	1.54	1.15	-25.32%	上清寺	18 时	0.86	0.84	-2.33%
上清寺	9 时	1.52	1.175	-22.70%	上清寺	19 时	0.98	0.96	-2.04%
上清寺	10 时	1.32	1.26	-4.55%	上清寺	20 时	1.1	1.02	-7.27%
歇台子	7 时	1.14	1.3	14.04%	歇台子	17 时	0.7	0.9	28.57%
歇台子	8 时	1.2	1.45	20.83%	歇台子	18 时	0.76	0.88	15.79%
歇台子	9 时	1.22	1.325	8.61%	歇台子	19 时	0.74	0.98	32.43%
歇台子	10 时	1.12	1.28	14.29%	歇台子	20 时	0.78	1.02	30.77%
南坪	7 时	0.72	0.7	-2.78%	南坪	17 时	0.6	0.7	16.67%
南坪	8 时	0.78	0.75	-3.85%	南坪	18 时	0.64	0.72	12.50%
南坪	9 时	0.76	0.825	8.55%	南坪	19 时	0.66	0.72	9.09%
南坪	10 时	0.78	0.82	5.13%	南坪	20 时	0.62	0.72	16.13%

南坪站坐落在南岸区，南岸区是通过一个不限行的桥梁与渝中区相连。在南坪站点，出现了与歇台子站点不同的情况。在 7 时和 8 时发生了下降，但是其他时段都是增加的。晚高峰时段增加的幅度，相对早高峰时段的要高。相对来说，同一时刻，其排放量数值要比歇台子站点的小。因此，可以推断，这次政策的实施对九龙坡区域交通状态的影响要大于对南岸区交通状态的影响。图 6-22c）可以看到南坪站点的排放曲线变化。

基于一氧化碳排放的变化，可以证实在政策实施期间，九龙坡和南岸的拥堵都加重了。但是相对来说，其对九龙坡的影响要大于其对南坪的影响，即限行政策的影响有明显的地区差异性。

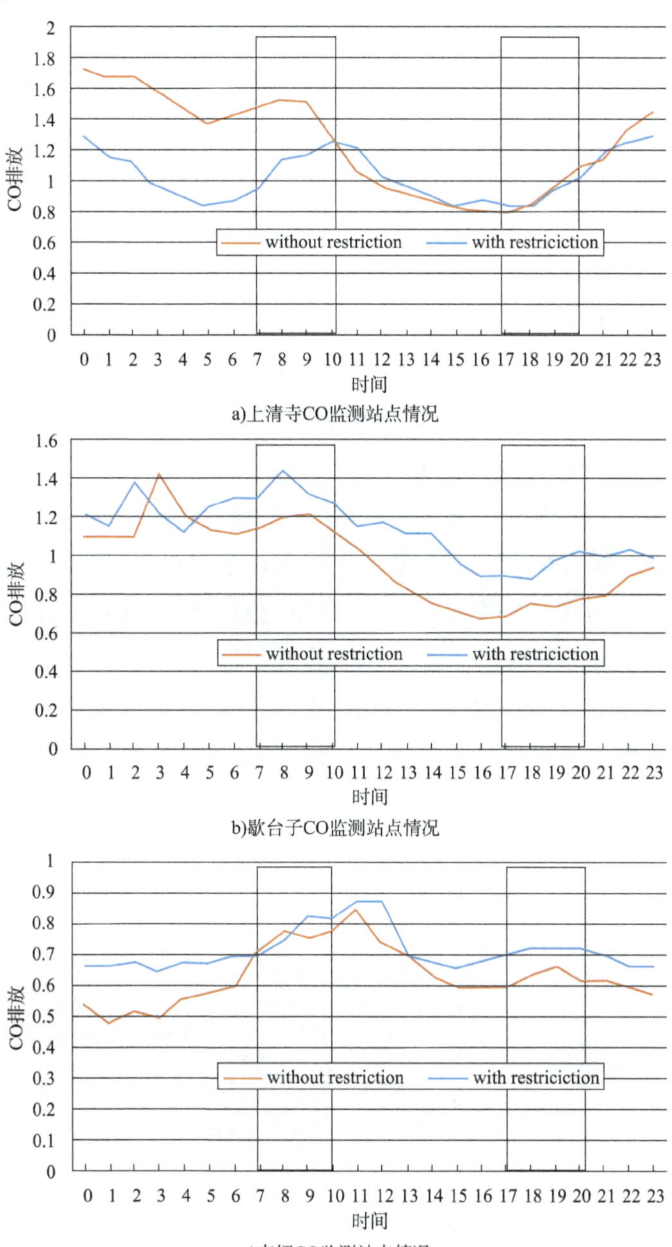

图 6-22 一氧化碳排放观察点模式在限行时段内外的对比

五 研究方法的图像特征提取性能验证

对卷积自编码器的特征提取性能来说，本研究选择了直方图方法来进行对比。直方图方法作为一种特征提取的方法，也被用于交通状态模式的分类，可以将高峰时段和非高峰时段做出区分。

Li 等通过实验，利用直方图特征向量根据像素色彩分布特征将 TICMs 区分为高峰时段和非高峰时段两大类。本研究尝试使用这个特征去识别高峰时期的图像数据，以找出不同模式。红色通道的结果如图 6-23 所示，从图 6-23 中可以看出，不同色彩水平的像素点的分布情况。首先，淡红色像素点在限行期内的数量要比限行期外的少。其次，对红色值为 50 ~ 255 之间的像素点，限行政策对其分布几乎没有影响。基于这两点，可以认为由直方图获得的特征很难区分限行期内外的高峰时段情况。然而，通过堆叠卷积自编码器得到的特征向量可以看出特征差异非常明显。也就是说，自编码器模型可以比直方图获得更加详尽的特征。毕竟，直方图没有办法发现像素色彩在空间上的梯度，但是堆叠卷积自编码器由于卷积层对空间特征提取的优良性能，可以做到，从而验证了本研究设计的特征向量提取框架的特征提取性能较好。

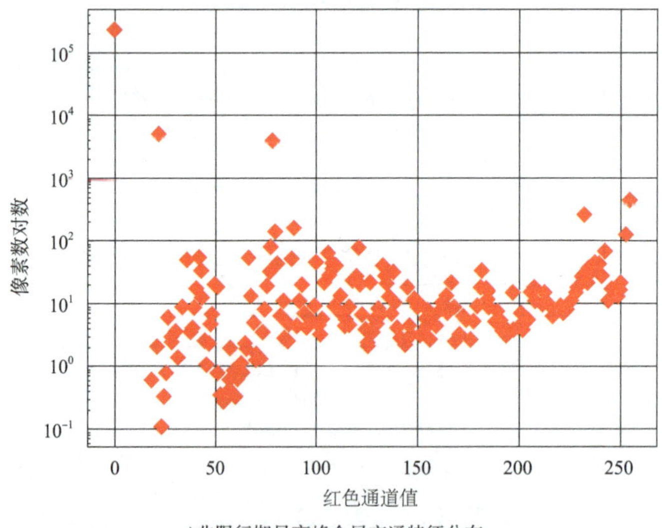

a)非限行期早高峰全局交通特征分布

图 6-23

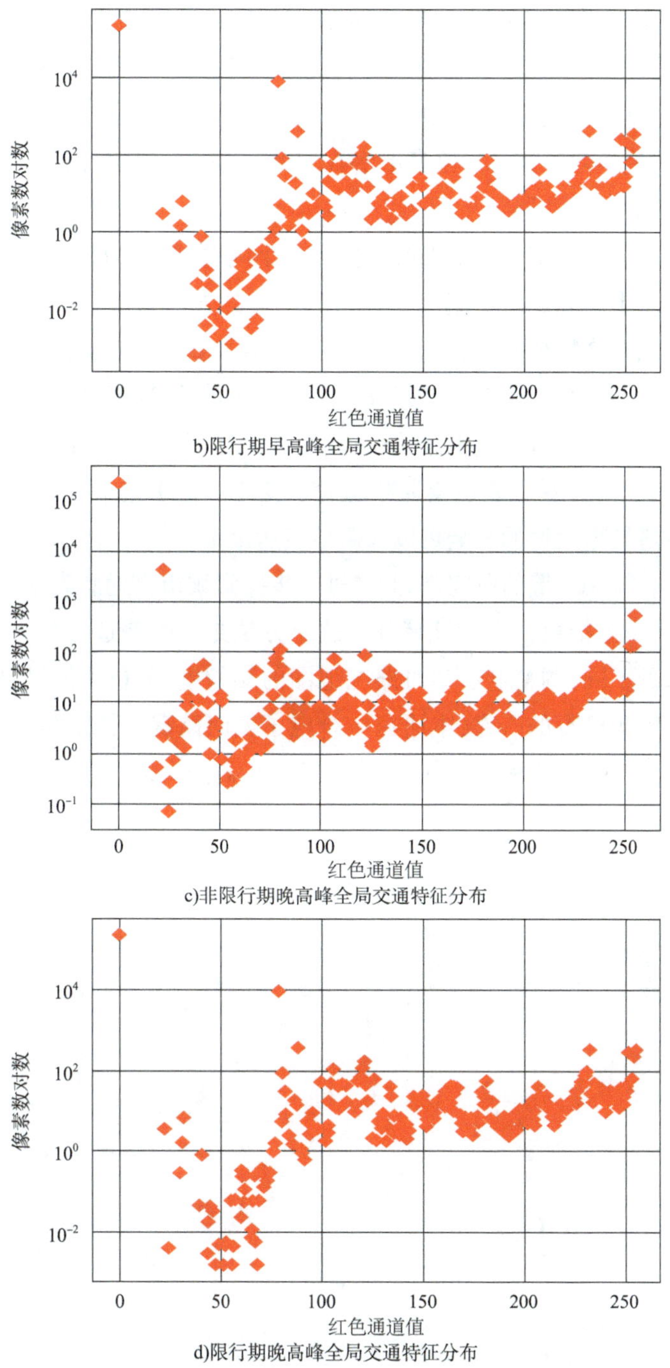

图 6-23　直方图方法获取的红色通道特征半对数图

识别城市交通状态的时空模式，对城市管理决策者和交通运营者来说，是一个非常重要的工作。电子地图通过在路网像素上着不同的色彩来标识不同的交通状态，其像素色彩的变化反映了道路交通状态的变化。以电子地图作为数据源，本研究学习了其背后隐藏的潜在空间。Boquet 等已经证实了该潜在空间存在的合理性。

本研究将识别城市交通状态时空变化这个问题，转化为跟踪潜在空间特征变化的问题。本研究提出了基于卷积自编码器的方法去提取一系列交通状态图的潜在空间低维特征向量，并提出了一个指数 CAIndex 来描述这些特征向量的统计特点。本研究用这个方法度量了重庆车辆限行政策对城市交通状态的影响。实验结果证明堆叠卷积自编码器的性能超过了传统直方图方法，而且 CAIndex 可以很好地量化表达交通状态时空变化。基于这个方法，交通限行政策对高峰时段城市交通的影响可以精确地表达出来。

本研究在 Boque 等的研究基础上，进一步探索城市交通状态潜在空间的特征，并构造了一个指数去度量该特征。这个方法是一个普适性的方法，可以根据研究区域的不同，调整电子实时路况地图的颗粒度，分析不同区域的交通状态演变。相对于已有的研究，本研究结合电子实时路况地图的特点，将研究对象定位在城市交通状态潜在空间，为将来进一步研究交通状态的形成机理奠定了基础。

第七章

CHAPTER 7

智慧城市交通拥堵治理对减碳及生态的影响

全球气候变暖的大环境背景下,全球国家均在致力碳减排。2020 年 9 月 22 日,第七十五届联合国大会上,习近平主席提出:“二氧化碳排放力争于 2030 年前达到峰值,努力争取 2060 年前实现碳中和。”双碳下的交通运输工作是实现我国“双碳”目标的重要组成部分。2022 年,中国工程院院士、清华大学碳中和研究院院长贺克斌在谈及“‘双碳’变革”时提到,交通领域的碳排放占全国终端碳排放的 15%。另外,生态环境部发布的《中国移动源环境管理年报(2021)》中提到,汽车是污染物排放总量的主要贡献者,据中国汽车技术研究中心测算,小汽车的碳排放占我国城市交通碳排放的 80% 以上。城市交通拥堵也会引起交通碳排放的增加。林雄斌等证实城市发生交通拥堵的时段,车辆的低速行驶和频繁的起步停车,会增加能源消耗、碳排放和污染物排放。

国内外学者围绕城市交通拥堵和碳排放的关系进行了大量的研究。部分学者研究了交通状态与碳排放之间的量值关系,以识别交通运输碳排放影响因素。学术界主要通过因素分解模型、计量经济模型及综合类模型来识别交通运输碳排放影响因素。Barth、王志高等发现管理车辆的速度、实施公交优先政策有助于减少碳排放。在交叉路口,李宾等做了实地调查,计算出了交通拥堵时段的碳排放量,评估了交通拥堵造成的碳排放效应。据其结果可知,案例路口繁忙通行方向的碳排放量,拥堵时与平时的比例为 4∶1,湘潭市交通拥堵导致的能耗和碳排放增加幅度不低于 30%。邹刚涛等通过改进 Kaya 公式,基于居民出行特征分析,以上海为例,测算了公共交通方式(出租车、轨道交通、地面公交)和个人机动车交通方式(私家车、摩托车)不同发展模式下的城市客运碳排放量。王靖添等构建了碳排放影响因素的 Kaya 公式:

$$排放 = 人口 \times 人均\ GDP \times 单位\ GDP\ 能源消耗量 \times 单位能耗排放量$$

Talbi 采用向量自回归(VAR)模型分析了 1980—2014 年突尼斯交通部门二氧化碳排放变化的影响因素,具体影响因素包括经济增长、城镇化率、能源强度等因素。Xu 等采用向量自回归模型分析了交通运输行业二氧化碳排放变化的影响因素,研究结果表明,能源效率在降低二氧化碳排放中起到主导作用。由于私家车数量激增,且私家车的能源效率较低,因此私家车比货运车辆对减排的影响更大。

还有部分学者在研究城市交通拥堵减排效益的评估。Schipper 于 1999 年提出的 ASIF 方法是基于运输活动的交通碳排放评估方法之一,研究指出交通总碳排放量与交通方式、燃料类型、时间、行驶里程均有关系。李振宇等对成都市615辆小汽车采集了2017年6月间车辆逐秒行驶数据,分析确定不同道路类型、交通状态下的典型运行数据,使用PHEM模型,建立了一个体系性的城市交通碳排放因子数据库,改进了碳排放评估方法并建立了城市交通缓堵减排效益评估模型。

交通生态化也成为一个研究分支。交通生态化是生态城市建设的组成部分。城市交通生态化,需要从多方面协调道路设施供应、环境质量与经济社会发展之间的关系。生态交通强调的是城市交通的绿色性,即降低资源能源消耗,减少污染废弃物排放,减缓交通拥挤,增强与环境的协调性。学者吕有金等构建了基于城镇化与生态环境内涵的评价指标体系,综合运用耦合协调度评价模型、探索性空间数据分析方法,测度与评价了285个地级市城镇化与生态环境耦合协调度的演变特征,并采用空间计量回归模型对相关驱动因素及空间溢出效应进一步分析,以期为促进城镇化与生态环境的协调发展提供理论支持。在城镇化与生态环境之间关系的研究上,一部分学者从胁迫与约束视角开展研究,指出城市中污染物的排放对生态环境产生胁迫作用,生态环境的恶化会改变人口和资本的流向,约束城镇化进程。有研究指出,低质量的城镇化会抑制生态环境水平的提升,而高质量的城镇化会促进生态环境水平的提升。

一系列的研究认为,智能技术在交通运输领域的应用有利于降低碳排放。Alrawi分析了智能交通系统对碳减排的作用,他以巴格达大学附近的贾德里亚十字路口为考察对象,用回归方程计算了交通量与车辆排放之间的关系,发现若采用智能交通系统,排放量将显著减少。Cheyne等认为,新西兰共享交通在提高小城镇居民的社会和经济福利方面具有较大的潜力。而Rosqvist等分析了由于瑞典越来越多地使用网上购物导致乘客运输产生的二氧化碳排放减少的可能性,并进一步说明了日益增长的网上购物对运输可持续性的潜在影响。Gennaro等利用大数据分析了欧洲道路交通低碳发展的政策措施。运输结构调整或交通运输模式转变是实现系统最优减排的措施之一。学者们认为,在物流领域,可以通过铁路、水路运输比例,发展多式联运,促进低碳交通发展。Tsao等提出了一种连续的近似模型,分析了多式联运的碳减排效益。

综上可知,"双碳"目标下的交通运输工作是实现整体碳减排目标的重要组成部分,智慧交通拥堵治理可以提高现有交通基础设施的运营效率,促进碳减排目标的达成,改善交通生态。

附录
APPENDIX

理论基础

附录 1　双射软集合与双射软决策系统

软集合理论是俄罗斯学者 Molodtsov 在 1999 年提出来的，主要用于解决不确定性问题，用软集合理论时，无须构建对象的数学模型，描述对象时没有任何限制条件。双射软集合是一种特殊的软集合，它的集值能够覆盖完整论域，每个参数的集值不相交，且为一一映射关系。

双射软决策系统最早由龚科等提出，该系统由两个集合组成：参数集合和决策变量集合，可用于挖掘参数与决策变量之间的关系。

参数集合和决策变量集合

设(F_i,E_i)，$(i=1,2,\cdots,n)$是定义在论域 U 上的 n 个双射软决策参数集合，其中$(E_i,E_j)=\phi$。决策参数彼此是独立的。

(G,A)也是定义在论域 U 上的双射软集合，且 $A\cap E_i=\phi$，表示决策结果情况，称为决策变量集合。

设$(F,E)=\cup_{i=1}^{n}(F_i,E_i)$，则三元组$[(F,E),(G,A),U]$为定义在论域 U 上的双射软集合决策系统。

由此可知，在论域 U 上，双射软集合中的集合间存在一一映射关系，双射软决策系统是定义在论域范围上，描述两个双射软集合之间关系的系统。

双射软集合决策系统的依赖度

双射软集合决策系统依赖度是基于两个双射软集合之间的依赖度定义的。

设(F,E)和(D,C)是定义在同一个论域 U 上的两个双射软集合，其中 $E\cap D=\phi$。定义(F,E)以依赖度 κ 依赖于(D,C)，记作$(F,E)\underset{\kappa}{\Rightarrow}(D,C)$。

双射软集合决策系统$[(F,E),(G,A),U]$的依赖度则是定义为双射软决策参数集合(F,E)与双射软决策变量集合(G,A)之间的依赖度，即 $\kappa=\gamma[\wedge_{i=1}^{n}(F_i,E_i),(G,A)]$，它表示道路像素点状态与整体路网交通状态之间的依赖关系。

三 双射软决策系统的参数约简

如果对于$\cup_{i=1}^{m}(F_i,E_i)$，存在$\gamma[\wedge_{i=1}^{m}(F_i,E_i),(G,A)]=\kappa$，也就是说对于决策集$(G,B)$来说，参数集$\cup_{i=1}^{m}(F_i,E_i)$与整体双射软参数集合$(F,E)$的意义是一样的，就可以认为$\cup_{i=1}^{m}(F_i,E_i)$是$[(F,E),(G,A),U]$的一个约简。

双射软决策系统的参数约简方法适用于处理离散数据。

四 双射软集合决策系统的软集合重要度

双射软集合决策系统$[(F,E),(G,A),U]$，对任意参数软集合$(F_j,E_j)\in(F,E)$，其对决策系统的重要度定义为$\sigma[(F,E),\cup_{i=1}^{m}(F_i,E_i),(G,B)]=\kappa-\gamma[(H,C),(G,A)]$，其中$(H,C)=\wedge_{j=1}^{m}(F_j,E_j)(i\neq j)$。

附录2 BSSReduce 算 法

BSSReduce 是基于软集合理论的增量式数据特征选择算法,由龚科等在2018年提出,其计算时间复杂度与数据用例数量线性相关,大大减少了特征选择的时间,提高了数据处理的速度。它是一个基于多代理和双射软集合的一个特征选择和规则获取的方法。

特征选择是数据处理中一个非常重要的部分,它常常被用于选择数据中的属性维度以简化呈现和识别问题。

BSSReduce 算法涉及一些基本的概念和集合运算,下面举例说明。

 一 双射软集合的AND乘积参数集合

假设 A 是一个双射软集合的集合,(F_i,E_i) 是一个双射软集合,其中 $E_i \cap E_j = \phi$,且 $(H,E) = \wedge_{(F_i,E_i)\in A}(F_i,E_i)$。这里称 E 为 A 的 AND 乘积参数,记作 $A^{\wedge}$。A 的 AND 乘积参数为 $arg\{e|x \in H(e)\}$,其中 $x \in U$,记作 $A_x^{\wedge}$。$X = H(e)$ 表示一个聚合器,其中 $e \in A^{\wedge}$,记作 $A_X^{\wedge}$。

假设 (F_1,A_1)、(F_2,A_2) 和 (F_3,A_3) 都是双射软集合,A 是它们的集合,即 $A=\{(F_1,A_1),(F_2,A_2),(F_3,A_3)\}$。设 $(F_1,A_1)=\{(e_{11},\{x_1,x_2,x_3\}),(e_{12},\{x_4\})\}$,$(F_2,A_2)=\{(e_{21},\{x_1\}),(e_{22},\{x_2,x_3,x_4\})\}$,$(F_3,A_3)=\{(e_{31},\{x_1,x_2,x_3\}),(e_{32},\{x_4\})\}$。则 A 的 AND 乘积参数 $A^{\wedge}=\{e_{11}\wedge e_{21}\wedge e_{31},e_{11}\wedge e_{22}\wedge e_{31},e_{12}\wedge e_{22}\wedge e_{32}\}$,$A_{x_1}$ 的 AND 乘积参数 $A_{x_1}^{\wedge}=\{e_{11}\wedge e_{21}\wedge e_{31}\}$,该参数可以作为双射软决策系统的条件。

 二 双射软决策系统的规则

设 A 是双射软集合的集合,(G,D) 是一个双射软集合,而 $[A,(G,D),U]$ 是一个软双射决策系统,其中,$\forall b=(F_b,E_b)\in A$ 且 $E_b \cap D=\phi$,$A^{\wedge}$ 是 A 的 AND 参数集。对二进制约简操作,$'e$ 约简为 $'d$,记为 $rule=e \rightarrow d$,称其规则为 $[A,(G,D),U]$,定义为 $e \wedge d$,其中 $e \in A^{\wedge}$,且 $d \in D$。

e 和 d 分别被称为该 $rule$ 的条件参数和决策参数。而 $rules$ 集合记为 $Rule(A^{\wedge})$。

显然，$Rule(A^{\wedge})$是软集合$(J,C)=(H,A^{\wedge})\wedge(G,D)$的参数乘积，$Rule=\cup_{e\in A^{\wedge},d\in D^{e}}\rightarrow d$。$(J,C)$被称为 Rule 约简的双射软集合。

假设$(G,D)=\{(e_{d1},\{x_1,x_3\}),(e_{d2},\{x_2\}),(e_{d3},\{x_4\})\}$是一个双射软集合，$[A,(G,D),U]$是一个定义在域 U 上的软双射决策系统。现有规则有 $Rule=\{e_{11}\wedge e_{21}\wedge e_{31}\rightarrow d_1,e_{11}\wedge e_{22}\wedge e_{31}\rightarrow d_2,e_{11}\wedge e_{22}\wedge e_{31}\rightarrow d_1,e_{12}\wedge e_{22}\wedge e_{32}\rightarrow d_3\}$，规则 $Rule$ 可以推出软集合$(J,C)=\{(e_{11}\wedge e_{21}\wedge e_{31}\rightarrow d_1,\{x_1\}),(e_{11}\wedge e_{22}\wedge e_{31}\rightarrow d_2,\{x_2\}),(e_{11}\wedge e_{22}\wedge e_{31}\rightarrow d_1,\{x_3\}),(e_{12}\wedge e_{22}\wedge e_{32}\rightarrow d_3,\{x_4\})\}$，$Rule_X(e_{11}\wedge e_{22}\wedge e_{31}\rightarrow d_2)$，其中 $X=\{x_2\}$。

三 规则集成器

对 $X\subseteq U,X=J(rule)$，我们认为 X 是一个 $Rule$ 集成器，记作$Rule_X(rule)$。对 $x\in X,Rule_x(rule)=arg\ \{rule\mid x\in J(rule)\}$是一个规则，其中 $x\in U,[A,(G,D),U]$，记作$Rule_x(rule)$。

四 一致和非一致规则

假设 A 是一个双射软集合的集合，(G,D)是一个双射软集合，$A^{\wedge}$是集合 A 的 AND 参数集，而 $Rule$ 是系统$[A,(G,D),U]$的规则集合。假设 $e\rightarrow d\in Rule(A^{\wedge})$是系统$[A,(G,D),U]$的一个规则，其中 $e\in A^{\wedge}$，且 $d\in D$。如果 $\exists e\rightarrow d'$，其中$d'\neq d$，则称规则 $e\rightarrow d$ 和 $e\rightarrow d'$不一致，否则就可以认为 $e\rightarrow d$ 是一个一致的规则。

假设$(G,D)=\{(e_{d1},\{x_1,x_3\}),(e_{d2},\{x_2\}),(e_{d3},\{x_4\})\}$是一个双射软集合，$[A,(G,D),U]$是一个定义在域 U 上的软双射决策系统。因此有$e_{11}\wedge e_{21}\wedge e_{31}\rightarrow x_1e_{d1},e_{11}\wedge e_{22}\wedge e_{31}\rightarrow x_2e_{d2},e_{11}\wedge e_{22}\wedge e_{31}\rightarrow x_3e_{d1}$，以及$e_{12}\wedge e_{22}\wedge e_{32}\rightarrow x_4e_{d3}$。$e_{11}\wedge e_{22}\wedge e_{31}\rightarrow x_2e_{d2}$和$e_{11}\wedge e_{22}\wedge e_{31}\rightarrow x_3e_{d1}$是不一致的；$e_{11}\wedge e_{21}\wedge e_{31}\rightarrow x_1e_{d1}$和$e_{12}\wedge e_{22}\wedge e_{32}\rightarrow x_4e_{d3}$是一致的规则。

[属性] 假设 A 是一个双射软集合的集合，(G,D)是一个双射软集合，$A^{\wedge}$

是 A 的 AND 参数集，而 $(F_i,E_i)\in A$ 是一个双射软集合，$(H,E)=\wedge_{(F_i,E_i)\in A}(F_i,E_i)$，且 $Rule$ 是系统 $[A,(G,D),U]$ 的规则集。假设 $e\rightarrow d\in Rule(A^{\wedge})$ 是系统 $[A,(G,D),U]$ 的一个规则，其中 $e\in A^{\wedge}$ 且 $d\in D$。如果 $rule=e\rightarrow d$ 是一个一致的规则，可知 $H(e)=J(e\rightarrow d)$。

[定理] 假设 $[A,(G,D),U]$ 是一个双射软决策系统，其中 A 是一个双射软集合的集合，而 (D,C) 是一个双射软集合。如果 $[A,(G,D),U]$ 系统依赖度是 κ，则 $\kappa=\dfrac{\sum_{rule\subseteq Rule(A^{\wedge})}|Rule_X(rule)|}{|U|}$，其中 $Rule_X(rule)$ 是规则 $rule$ 集成器，也就是说，$rule\subseteq Rule(A^{\wedge})$ 是系统 $[A,(G,D),U]$ 的一致性规则集。

BSSReduce 有三个层次的代理：约简代理、协调代理和规则代理。另外，有两个辅助代理，识别代理和规则获取代理有助于系统的制定。其中约简的结果是由协调代理产生的。

1. 约简代理

约简代理的任务是当系统中有新元素加入论域 U 的时候，维持当前软双射决策系统的一致性。这个代理是一个主代理算法，有两个处理步骤。和传统方法不同，我们不去经常搜索论域，我们只在两个处理步骤的时候去搜索两次论域。

在初始阶段，约简代理会搜索一次论域，一旦协调代理的 findIdentification-Attribute 函数被触发，约简就会产生。考虑到随着后面数据约简的增加，系统识别能力会增强，从而使得一些新增加的约简变得多余。因此，我们增加了一个整理的过程，这一过程中会再一次搜索整个论域，以相反的顺序添加第一轮中最近产生的约简，以删除多余的特征，其时间复杂度为 $O(|U|)$。

2. 协调代理

协调代理能帮助约简代理协调相同 AND 乘积参数集，但是其决策值却是不一样的 x 和 X，也就是不一致的 x 和 X。协调代理会生成约简，其时间复杂度为 $O(1)$。

3. 规则更新代理

规则更新代理是帮助系统在规则更新为具有更多属性的规则时，始终保持协调，其时间复杂度为 $O(1)$。在这三个代理的协作下能找到合理的约简集，BSSReduce 的工作原理如附图 2-1 所示。

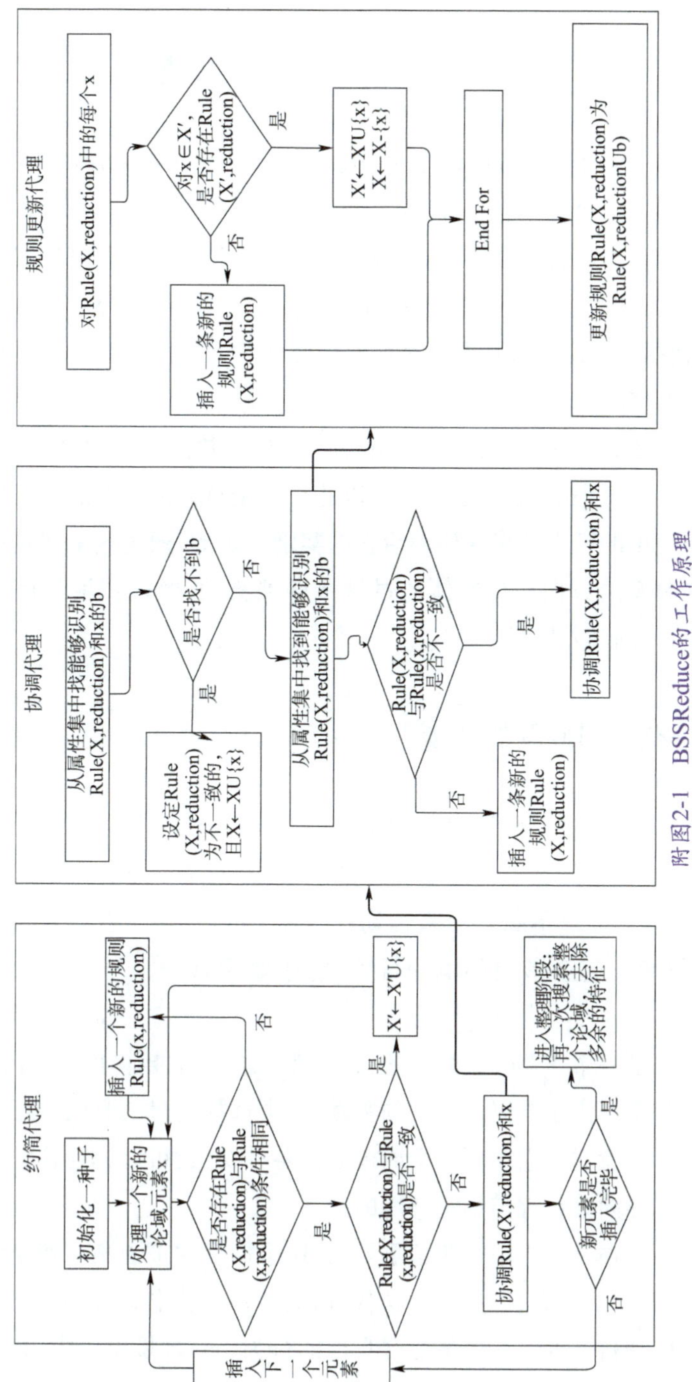

附图2-1 BSSReduce的工作原理

附录3　强化学习基础

强化学习(Reinforcement Learning,RL)最早是1979年末提出来的,是机器学习的范式和方法论之一,源于研究一个类神经元的自适应元件网络系统。它的主要目的是让学习者学会如何去行动,通过最大化奖励的思路来实现从环境到行为的映射,其假设条件是学习者的行为引起的对环境的影响,可能不仅是即时的,还包括其后续的环境和行为影响。强化学习的两个最主要的特征是试错法和延迟的奖励。

可将学习者虚拟化为智能体,强化学习常用于描述和解决智能体(Agent)在与环境的交互过程中,通过学习策略以达成特定目标的问题。智能体的状态是由其在环境中的行为带来的环境给它的奖励决定的,通过这个奖励可以帮助智能体感知改变的方向。智能体通过试错得到奖励,经过积累获得一个最合适、能达到目标的学习路径。

一　强化学习问题的环境

强化学习针对的问题,不是去表征一些学习算法,而是去表征一个学习问题本身,其实它描述的是一个简单而基础的想法,就是学习者与其所处环境进行交互的过程中,通过不断学习来达到其目标。因此,学习者需要感知环境的状态,也必须能发起会影响环境的行为,它还要拥有一个与环境状态相关的目标。

强化学习是一个非监督式的学习,它体现了学习智能体在环境中的探索和开发之间的平衡。为了获得一系列的奖励,它会选择它过去尝试过可以得到奖励的行为。这样就需要它尽可能全面地去做各种探索,可以说强化学习需要全面考虑在目标导向下代理与不定环境的交互。

环境模型在强化学习中是非常重要的,这个模型用来预测在智能体执行了某行为之后,环境的状态,经过多次迭代,就会生成一个状态-行为序列,智能体在这个序列中会自己确定一个最适合自己的行为。在环境模型中,有个重要的方程,称为行为-价值方程。这个方程可以在智能体选择行为后给出奖励值,注意，奖励不单单与价值联系在一起，它还与行为-价值对联系在一起。

对智能体选择的策略来说，在某策略下，智能体会在某状态下通过某行为获得某价值，存在一个状态-价值方程。在强化学习过程中，智能体就是利用价值方程去组织和构造搜索机制，找到最好的策略，其中很重要的就是迭代运行贝尔曼最优方程。因此，在机器学习中，强化学习常被用于解决优化问题。

二　马尔可夫决策过程和贝尔曼方程

马尔可夫决策过程（Markov Decision Processes，MDP）提供了一个研究强化学习的框架。马尔可夫决策过程是在一个具有马尔可夫性质的环境下解决最优化问题的序贯模型，它可以模拟智能体的随机性策略及其得到的回报。当一个随机过程在给定现在状态及所有过去状态的情况下，其未来状态的条件概率分布仅仅依赖于当前状态，也就是与过去状态是条件独立的，那么此随机过程就具有马尔可夫性质。

贝尔曼方程（Bellman Equation）是通过将多级最优化转化为多个单级最优化决策从而取得整个动态过程最优的方法，可以用于处理非线性动态优化。贝尔曼方程式是开发一系列强化学习算法的起点，这些算法通过使用逐步获得的经验来找到最佳策略。

三　Q-learning 算法

Q-learning 是 Watkins 博士 1989 年提出来的，它是一种简单的、基于值的增量学习方法，智能体通过这个方法来不断学习一个控制好的马尔可夫环境，在一定状态集中条件下，逐步改进对其行为的质量评价从而获知其最优对策行为。Q-learning 算法的主要思想就是将状态和行为构建成一张 Q-table 来存储 Q 值，然后根据 Q 值来选取收益最大的行为。Q 就是动作效用函数，Q 值用于评价在特定状态下采取某个动作的优劣，以智能体选择行为的依据 S 为状态变量，S_t 为 t 时刻的状态，A 为行为集合，A_t 为 t 时刻采取的行为策略。

单步 Q-learning 的方程形式为

$$Q(S_t,A_t) \leftarrow Q(S_t,A_t) + \alpha[R_{t+1} + \gamma \max_a Q(S_{t+1},a) - Q(S_t,A_t)]$$

其中，Q 是学习用的行为-价值函数，直接近似q^*，是优化的行为-价值函数，独立于采用的策略，策略会影响并决定尝试过的和更新的状态-行为对。最终 Q 会收敛于q^*。Q-learning 算法的伪码表示为

初始化 $Q(s,a)$，$\forall s \in S, a \in A(s)$，任意的，$Q(ts,)=0$，$ts$ 表示最终状态

对每个 episode 进行重复的过程：

初始化 S

对每个 episode 的每一步重复：

适用贪婪策略，从 S 空间中选择 A

执行行为 A，观察奖励 R 和状态S'

$Q(S,A) \leftarrow Q(S,A) + \alpha[R + \gamma \max_a Q(S',a) - Q(S,A)]$

$S \leftarrow S'$

直到到达最终状态 S

Q-learning 作为有效的优化控制算法，被应用于解决连续时间线性系统中的优化问题。在应用过程中，求解速度和应用条件的变化使得该算法得到了进一步的拓展，如出现了加速 Q-learning 算法，合作 Q-learning 算法，以及分布式 Q-learning算法。

附录4 拥塞博弈简介

拥塞博弈是 Rosenthal 于 1973 年提出的。它是一种非合作博弈,参与者会共享一系列策略。而参与者获得的收益与实施相同策略的玩家数量有关,随着数量的增加而减少。在这种纯策略博弈中,至少存在一个纳什均衡。

拥塞博弈是优化算法和博弈论交界的一种模型。在之前的研究中,关于纯策略纳什均衡的存在性一直是一个话题。Igal 指出,带权重的拥塞博弈,即参与者不统一时,不一定有纯策略纳什均衡。考虑到每个参与者的特点(被称为自私的玩家),原子型拥塞博弈模型被提出并被证明在这种拥塞博弈中,玩家如果被预先划分为自私的联盟群体并同时贪婪移动,则快速联盟收敛可以达到近似平衡。Penn 等提出了异步拥塞博弈模型,这种博弈存在纯策略纳什均衡。拥塞博弈可以转化为势博弈,那它就一定存在纯策略纳什均衡。由于势博弈是肯定存在纯策略纳什均衡的,一旦拥塞博弈可以转化为势博弈,其均衡一定存在。

拥塞博弈模型是由四个元素组成的元组,该模型被用于研究网络资源分配问题、负载加载的问题、税费对网络流量的影响、路径选择问题、分布式资源管理和分配问题。

一 模型的数学描述

Rosenthal 在定义拥塞博弈时,是基于拥堵模型的。假设有 n 个参与者($i=1,2,\cdots,n$)共享同样的策略集,策略集中有 t 个关键因子($k=1,2,\cdots,t$)。参与者的第i^{th}个纯策略中包含了s_i个元素($r_i=1,2,\cdots,s_i$)。其中第r_i^{th}个纯策略就是指关键因子的一个子集。

参与者 i 采用第i^{th}个纯策略的成本,是他选择的各个关键因子的成本总和。每个关键因子的成本c_{ki}是选择第 k 个因子的人数x_k的函数。因此,对参与者 i 的成本$\pi_i(r_1,\cdots,r_n)=\sum_{k\in r_i}c_k[x_k(r_1,\cdots,r_n)]$,如果他选择的策略组合为($r_1,\cdots,r_n$),在纯策略中的纳什均衡就是一个纯策略最优解的组合,即

$$\pi_i(r_1^*,\cdots,r_n^*)\leqslant\pi_i(r_1^*,\cdots,r_{i-1}^*,r_i,r_{i+1}^*,\cdots,r_n^*)$$

其中,$r_i=1,\cdots,s_i;i=1,\cdots,n$。

拥塞博弈中有 t 个关键因子，若这些因子存在序列关系，那么对 t 时刻，博弈关系就可以用一个四元元组来表示，如下式所示：

$$G=\{N,N_r,(A_i)_{i\in N},(C_i)_{i\in N}\}$$

其中，N 是参与者的集合；N_r 是共享资源的集合；A_i 表示第 i 个参与者的行为策略空间；C_i 表示第 i 个参与者的成本函数。

二 模型的重要概念

1. 拥塞博弈的纳什均衡

假设第 i 个参与者采取的策略记为σ_i，那么对策略元组 $\sigma=(\sigma_1,\sigma_2,\cdots,\sigma_n)$来说，当每一个$\sigma_i$都是最佳反应策略的时候，该策略元组是一个纳什均衡。

2. 势博弈

在博弈中，每个个体收益的改变能够映射到一个全局函数上，这个函数称为势函数，而这个博弈就是势博弈。势函数为 $P(\sigma)=\sum_{k=1}^{r}\sum_{m=1}^{n_k}s_k(m)$。当且仅当第 i 个参与者改变策略时，对第 j 个参与者来说，其潜在改变为 $\Delta P=s_j(n_j+1)-s_{\sigma_i}(n_{\sigma_i})$，这个改变其实就等于第 i 个参与者的收获或成本上的改变。任何 P 的局部最大值，通过改变单个坐标的策略元组是没有办法使 P 值增大的，这也就是说，系统会达到一个纯策略纳什均衡。

3. 路径

博弈中所谓的路径其实是一个序列，是对同一个参与者采取的策略序列。对参与者 i，完成目标任务需要经历一个序列 $S=(S_0,S_1,\cdots S_k,\cdots)$，该序列表示第 k 步参与者 i 采取策略所对应的成本或收益，这样的序列被称为是一个改进路径。

4. 有限的改进步骤

有限的改进属性等同于所考虑博弈的广义序数潜力的存在-纯策略元组集合的实值函数，该函数会沿任一改进路径严格增加。

拥塞博弈是一个对称博弈，如果只有两个公共策略可选，或者参与者的支付函数相同，则其过程一定收敛。

5. 并发拥塞博弈

当众多自私玩家同时决策的时候，就形成了并发拥塞博弈。分布式协议能够更好地反映网络自由性的本质。在这个网络决策中,玩家在计算上是短视的,他们根据自私的变化标准在每个回合中重新选择路径,通过自己的迁移规则,迅速达到稳定状态。

6. (ε,α) 平衡

假设 α 为潜在边界,而 ε 是任意正的常量,如果最多有 εm 个加载资源,则存在状态平衡 (ε,α) - Equilibrium,即 (ε,α) - EQ。这个平衡的概念是纯策略纳什平衡的松弛平衡。每个参与者更新其状态的时候,如果能够遵从贪婪协议,则可以快速达到一个 (ε,α) - EQ,这是一个近似纳什均衡。这一定义的出现,使得多次迭代通过贪婪算法获取纳什均衡成为可能。

三 模型的求解

[定理]每一个拥塞博弈都是一个势博弈

只要能找到涉及全局的势函数,该拥塞博弈一定存在纳什均衡。对每个拥塞博弈而言,当参与者迭代着前进以减少他们各自的成本的时候,至少有一个纳什均衡。

由于上述定理,在网络拥塞博弈中,当很多参与者开始迭代着行动的时候,有可能出现多余的行动步骤或者是过长的改进序列。解决拥塞博弈问题,可以进一步演化为寻找最合适的路径以达到纳什均衡或最佳反应状态,且尽可能快地得到收敛序列的问题,于是转变成了一个最优化的问题。

考虑通过贪婪算法来进行求解,在任意一个轮回 $t \geqslant 1$ 中,$e \in E$ 为资源,并行展开如下运算:

(1)随机选择一个参与者,定义势函数 $l_e[f_e(t)]$。

(1)参与者与资源 e' 匹配,得到新的势函数 $l_{e'}[f_{e'}(t)]$。

(2)如果 $l_{e'}[f_{e'}(t)](\alpha+\delta) < l_e[f_e(t)]$,则参与者可以以概率 ρ 由资源 e 转到 e'。

定义了 (ε,α) 平衡和贪婪算法后,拥塞博弈模型的求解可以使用优化算法解决。

附录5 卷积自编码器

2006年，Hinton和Osindero提出了自编码器的概念，将它定义为一个生成式模型。该模型是一种多层神经网络，可用于对高维数据进行维度降低运算。自编码器是一个对称型结构的网络，中间是一个低维输出层，以自变量本身作为目标变量，实现高维输入向量的重构，其本质是通过优化运算，找到与输入最接近的低维空间向量，并确保获得的特征即使是在多模态学习中也能保持较好的鲁棒性，该低维空间就是学者们常提及的潜在空间。自编码器常被用于非线性的流形学习，按照学习范式，自编码分为收缩自编码器、正则自编码器和变分自编码器，其中前两者是判别模型，而变分自编码器是生成模型。自编码器包含编码器和解码器，它们对输入信息进行表征学习。

最近几年，深度卷积自编码器已经被广泛地用在计算机视觉领域以直接从像素中获取有用的特征信息。它们成功地被应用到学习合成孔径雷达图像、计算机断层扫描的结果图以及心电图中。在堆叠的神经层中，一个卷积层提取图像的纹理特征，而自编码器优化过的重构对称结构也能够确保提取特征的质量。

自编码器在计算机视觉中得到了广泛的应用，其基础结构如附图5-1所示。用卷积替换掉网络中的全连接层，构造出卷积自编码器，就可以提取出图像的空间特征，从而进行图像分类和图像去噪。随着对自编码器内核的认知提升，可以将自编码器与优化算法结合，来更好地完成像素级的图像处理工作。

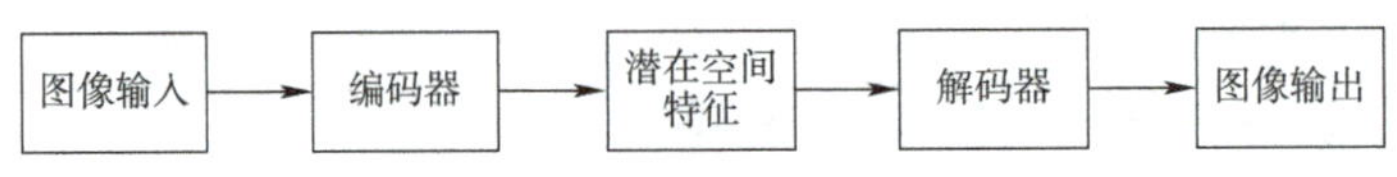

附图5-1 经典自编码器结构图

卷积自编码器是一个成熟的深度学习神经网络模型，需要在学习过程中，根据学习效果的需求，调整其内部参数。

附录6 表征学习

表征学习,其本质是要将研究的数据转化为机器可以学习的形式,数据形式的好坏直接影响机器学习的效果,也就是说,数据表征可以影响机器学习算法的效果。数据可以通过不同的表征方式来展现和解释其变化,而好的表征学习效果,可以使算法更加容易从数据中提取有用信息来进行分类或预测等运算。比如,在概率模型下,一个好的表征是可以捕捉到输入数据的后验分布规律的。而在深度学习框架下,表征是获取到数据的非线性转化形式。

表征学习在机器学习领域是一个重要的研究领域。而在计算机视觉中,无监督的表征学习是一个很重要的问题。传统表征学习的方法通过数据的聚类操作完成。另一种较为受到大家欢迎的方法是通过自编码器的训练,将一个图片转换成一个向量码,然后对该码进行解码并重构图像。这些方法已经可以实现图像像素级别的特征表征。Bhatt 等从多视角数据来观察深度自编码器的学习性能,它提出了关系多模态深度卷积神经网络,这个网络可以重构输入数据,强化了每一个隐层的特征表征。Chorowski 等应用小波自编码器对语音数据进行了表征学习。Tang 等提出了一个潜在表征学习的概念,通过该学习可以对特征进行有效选择,表征学习被应用到了智能诊断领域。

参考文献

[1] FIGLIOZZI M A. The impacts of congestion on commercial vehicle tour characteristics and costs[J]. Transportation Research Part E: Logistics and Transportation Review, 2010, 46(4): 496-506.

[2] KOK A L, HANS E W, SCHUTTEN J. Vehicle routing under time-dependent travel times: The impact of congestion avoidance[J]. Computers & Operations Research, 2012, 39(5): 910-918.

[3] BAO Y, XIAO F, GAO Z H, et al. Investigation of the traffic congestion during public holiday and the impact of the toll-exemption policy[J]. Transportation Research Part B: Methodological, 2017, 104: 58-81.

[4] NGUYEN-PHUOC D Q, CURRIE G, DE GRUYTER C, et al. Modelling the net traffic congestion impact of bus operations in Melbourne [J]. Transportation Research Part A: Policy and Practice, 2018, 117: 1-12.

[5] 蒋俊杰. 整体智治:我国超大城市治理的目标选择和体系构建[J]. 理论与改革, 2022(03): 110-119 + 154.

[6] 魏后凯. 中国大城市交通问题及其发展政策[J]. 城市发展研究, 2001(2): 27-32.

[7] 王炜. 城市交通管理规划理论体系框架设计[J]. 东南大学学报(自然科学版), 2003(03): 335-339.

[8] 全永燊. 城市交通系统基本属性和规律初探[J]. 城市规划, 1999(6): 55-58.

[9] 冯慧芳, 柏凤山, 徐有基. 基于轨迹大数据的城市交通感知和路网关键节点识别[J]. 交通运输系统工程与信息, 2018, 18(3): 42-47 + 54.

[10] CAO J, MENENDEZ M. System dynamics of urban traffic based on its parking-related-states[J]. Transportation Research Part B: Methodological, 2015, 81: 718-736.

[11] YANG X H, CHENG Z, CHEN G, et al. The impact of a public bicycle-sharing

system on urban public transport networks[J]. Transportation Research Part A:Policy and Practice,2018,107:246-256.

[12] 闫明月.新发展格局下路网运行监测体系建设发展研究[J].交通运输部管理干部学院学报,2020,30(4):33-37.

[13] 李朝衔.探讨智慧交通信息诱导系统的关键技术[J].通讯世界,2017(22):54-55.

[14] 徐若辰.智慧城市交通治理新模式的探索与应用——以深圳市为例[J].交通与运输,2021,34(S1):147-151.

[15] YOUNES M B,BOUKERCHE A. A performance evaluation of an efficient traffic congestion detection protocol (ECODE) for intelligent transportation systems[J]. Ad Hoc Networks,2015,24:317-336.

[16] PARANJOTHI A,KHAN M S,PATAN R,et al. VANETomo:A congestion identification and control scheme in connected vehicles using network tomography[J]. Computer Communications,2020,151:275-289.

[17] TERROSO-SAENZ F. A Cooperative Approach to Traffic Congestion Detection with Complex Event Processing and VANET[J]. IEEE Transactions on Intelligent Transportation Systems,2012,13(2):914-929.

[18] KNORR F,BASELT D,SCHRECKENBERG M. et al. Reducing Traffic Jams via VANETs[J]. IEEE Transactions on Vehicular Technology,2012,61(8):3490-3498.

[19] XU L,YUE Y,LI Q Q. Identifying Urban Traffic Congestion Pattern from Historical Floating Car Data [J]. Procedia-Social and Behavioral Sciences,2013,96:2084-2095.

[20] SUNDERRAJAN A,VISWANATHAN V,CAI W,et al. Traffic State Estimation Using Floating Car Data [J]. Procedia Computer Science, 2016, 80:2008-2018.

[21] KONG X J,XU Z Z,SHEN G J,et al. Urban traffic congestion estimation and prediction based on floating car trajectory data[J]. Future Generation Computer Systems,2016,61:97-107.

[22] DEMISSIE M G,DE ALMEIDA CORREIA G H,BENTO C. Intelligent road

traffic status detection system through cellular networks handover information: An exploratory study [J]. Transportation Research Part C: Emerging Technologies, 2013, 32: 76-88.

[23] ZHAN X, ZHENG Y, YI X, et al. Citywide Traffic Volume Estimation Using Trajectory Data[J]. IEEE Transactions on Knowledge and Data Engineering, 2017, 29(2): 272-285.

[24] KAN Z H, TANG L L, KWAN M P, et al. Traffic congestion analysis at the turn level using Taxis' GPS trajectory data[J]. Computers, Environment and Urban Systems, 2019, 74: 229-243.

[25] ZHU J, HUANG C Q, YANG M, et al. Context-based prediction for road traffic state using trajectory pattern mining and recurrent convolutional neural networks[J]. Information Sciences, 2019, 473: 190-201.

[26] 陈宏飞,张心萍,赵艳慧,等. 基于微博的西安市交通拥堵状况时空分布研究[J]. 陕西师范大学学报(自然科学版), 2015, 43(6): 83-88.

[27] GU Y M, QIAN Z S, CHEN F. From Twitter to detector: Real-time traffic incident detection using social media data[J]. Transportation Research Part C: Emerging Technologies, 2016, 67: 321-342.

[28] DABIRI S, HEASLIP K. Developing a Twitter-based traffic event detection model using deep learning architectures[J]. Expert Systems with Applications, 2019, 118: 425-439.

[29] 吴志强,叶钟楠. 基于百度地图热力图的城市空间结构研究——以上海中心城区为例[J]. 城市规划, 2016, 40(4): 33-40.

[30] SONG J C, ZHAO C L, ZHONG S P, et al. Prishchepov. Mapping spatio-temporal patterns and detecting the factors of traffic congestion with multi-source data fusion and mining techniques[J]. Computers, Environment and Urban Systems, 2019, 77: 1-12.

[31] 赵天天,张晶,王彦兵. 基于实时路况数据的原发性交通拥堵点判别——以北京市二环以内为例[J]. 地理与地理信息科学, 2015, 31(3): 104-107 + 117 + 127.

[32] 李若灵. 基于交通指数的上海市地面区域拥堵特征分析[J]. 交通与运输, 2019, 35(3): 14-17.

[33] ANBAROGLU B, HEYDECKER B, CHENG T. Spatio-temporal clustering for non-recurrent traffic congestion detection on urban road networks[J]. Transportation Research Part C: Emerging Technologies, 2014, 48: 47-65.

[34] YU R, LI Y G, SHAHABI C, et al. Deep Learning: A Generic Approach for Extreme Condition Traffic Forecasting[C]//Proceeding of the 2017 SIAM International Conference on Data Mining. Society for Industrial and Applied Mathematics, 2017: 777-785.

[35] 刘炀. 基于网格模型的城市交通运行状态识别和行程时间预测方法研究[D]. 北京:北京交通大学,2018.

[36] SUN J Y, SHAO J, HE C K. Abnormal event detection for video surveillance using deep one-class learning[J]. Multimedia Tools and Applications, 2019, 78(3): 3633-3647.

[37] CHEN Y Y, LV Y S, LI Z J, et al. Long short-term memory model for traffic congestion prediction with online open data[C]// 2016 IEEE 19th International Conference on Intelligent Transportation Systems (ITSC). IEEE, 2016: 132-137.

[38] 徐艳,陈景雅,罗冬宇. 基于实时路况数据的拥堵评价方法研究[J]. 华东交通大学学报,2019,36(1):66-72.

[39] COIFMAN B. Identifying the onset of congestion rapidly with existing traffic detectors[J]. Transportation Research Part A: Policy and Practice, 2003, 37(3): 277-291.

[40] LI W, DAI H Y. Real-time Road Congestion Detection Based on Image Texture Analysis[J]. Procedia Engineering, 2016, 137: 196-201. Elsevier.

[41] ANTONIOU C, KOUTSOPOULOS H N, YANNIS G. Dynamic data-driven local traffic state estimation and prediction[J]. Transportation Research Part C: Emerging Technologies, 2013, 34: 89-107.

[42] EL-SAYED H, THANDAVARAYAN G. Congestion Detection and Propagation in Urban Areas Using Histogram Models[J]. IEEE Internet of Things Journal, 2017, 5(5): 3672-3682.

[43] BAUZA R, GOZALVEZ J, SANCHEZ-SORIANO J. Road Traffic Congestion

Detection through Cooperative Vehicle-to-Vehicle Communications [C]// IEEE Local Computer Network Conference. IEEE,2010:606-612.

[44] BAUZA R,GOZALVEZ J. Traffic congestion detection in large-scale scenarios using vehicle-to-vehicle communications[J]. Journal of Network and Computer Applications,2013,36(5):1295-1307.

[45] YUAN Q,LIU Z H,LI J L, et al. A traffic congestion detection and information dissemination scheme for urban expressways using vehicular networks [J]. Transportation Research Part C: Emerging Technologies, 2014, 47: 114-127.

[46] AHMAD M,CHEN Q C,KHAN Z,et al. Infrastructure-based vehicular congestion detection scheme for V2I[J]. International Journal of Communication Systems,2019,32(3):3877-3890.

[47] WANG R M,XU Z G,ZHAO X M,et al. V2V-based method for the detection of road traffic congestion[J]. IET Intelligent Transport Systems,2019,13(5): 880-885.

[48] D'ANDREA E,MARCELLONI F. Detection of traffic congestion and incidents from GPS trace analysis [J]. Expert Systems with Applications, 2017, 73: 43-56.

[49] 邬群勇,等. 结合出租车轨迹数据的城市道路拥堵时空分析[J]. 福州大学学报(自然科学版),2018,46(5):724-731.

[50] SHEN D Y,ZHANG L F,CAO J P,et al. Forecasting Citywide Traffic Congestion Based on Social Media[J]. Wireless Personal Communications,2018,103(1):1037-1057.

[51] CHOUDHARY A,GOKHALE S. On-road measurements and modelling of vehicular emissions during traffic interruption and congestion events in an urban traffic corridor [J]. Atmospheric Pollution Research,2019,10(2):480-492.

[52] 张建旭,郭力玮. 基于在线地图交通态势分析的路网拥堵状态识别[J]. 交通运输系统工程与信息,2018,18(5):75-81.

[53] WANG J,DENG W,GUO Y T. New Bayesian combination method for short-term traffic flow forecasting [J]. Transportation Research Part C: Emerging

Technologies,2014,43:79-94.

[54] ZHENG Z D,SU D C. Short-term traffic volume forecasting:A k-nearest neighbor approach enhanced by constrained linearly sewing principle component algorithm[J]. Transportation Research Part C:Emerging Technologies,2014,43:143-157.

[55] MA X L,YU H Y,WANG Y P,et al. Large-scale transportation network congestion evolution prediction using deep learning theory[J]. PLoS One,2015,10(3):e0119044.

[56] HU W B,WANG H,QIU Z Y,et al. An urban traffic simulation model for traffic congestion predicting and avoiding[J]. Neural Computing and Applications,2018,30(6):1769-1781.

[57] CHEN M,YU X H,LIU Y. PCNN:Deep Convolutional Networks for Short-Term Traffic Congestion Prediction[J]. IEEE Transactions on Intelligent Transportation Systems,2018,19(11):3550-3559.

[58] GUO S N,LIN Y F,LI S J,et al. Deep Spatial-Temporal 3D Convolutional Neural Networks for Traffic Data Forecasting[J]. IEEE Transactions on Intelligent Transportation Systems,2019,20(10):3913-3926.

[59] BOQUET G,MORELL A,SERRANO J,et al. A variational autoencoder solution for road traffic forecasting systems:Missing data imputation,dimension reduction,model selection and anomaly detection[J]. Transportation Research Part C:Emerging Technologies,2020,115:102622.

[60] PENG H,WANG H F,DU B W,et al. Spatial temporal incidence dynamic graph neural networks for traffic flow forecasting[J]. Information Sciences,2020,521:277-290.

[61] 段后利,李志恒,李力,等.一种基于伪色彩图的网络交通状态观测分析方法[J].交通运输系统工程与信息,2009,9(4):46-52.

[62] 李树彬,吴建军,高自友,等.基于复杂网络的交通拥堵与传播动力学分析[J].物理学报,2011,60(5):146-154.

[63] 李树彬,高自友,吴建军,等.基于事件的交通拥堵模拟与消散策略研究[J].系统仿真学报,2012,24(8):1707-1713.

[64] 高自友,龙建成,李新刚. 城市交通拥堵传播规律与消散控制策略研究[J]. 上海理工大学学报,2011,33(6):701-708+508.

[65] 杨泳,户佐安,严余松. 改进型 CTM 模型突发事件下的拥堵传播规律[J]. 北京工业大学学报,2015,41(7):1061-1066.

[66] 张俊锋,马昌喜,吴芳,等. 复杂城市交通网络拥堵传播的改进 SIS 模型[J]. 交通运输研究,2015,1(6):20-25.

[67] 林俊,徐良杰,蔡旭. 基于疾病传播理论的小区域节点协调控制算法[J]. 交通与运输,2019,35(1):1-4.

[68] 吴琰飘,蔡晓禹,陈明亮,等. 基于矩形法的交通拥堵传播模型研究[J]. 城市交通,2018,16(5):91-98.

[69] 韦伟,刘岭,彭其渊,等. 数据驱动的偶发拥堵时空建模及传播分析[J]. 交通运输系统工程与信息,2019,19(2):189-195.

[70] 周辉宇. 基于大数据规则挖掘的交通拥堵治理研究[J]. 统计与信息论坛,2017,32(5):96-101.

[71] 陈美林,郑治豪,等. 基于因果关联的交通拥堵传播分析[J]. 中南大学学报(自然科学版),2020,51(12):3575-3583.

[72] KARTIKA C. Visual Exploration Of Spatial-temporal Traffic Congestion Patterns Using Floating Car Data[D]. Technische University Munchen, Munich, Germany, 2015.

[73] YANG S Y, WU J P, XU Y Y, et al. Revealing heterogeneous spatiotemporal traffic flow patterns of urban road network via tensor decomposition-based clustering approach[J]. Physica A: Statistical Mechanics and its Applications, 2019, 526: 1-18.

[74] WANG J, WANG L. Congestion analysis of traffic networks with direction-dependant heterogeneity[J]. Physica A: Statistical Mechanics and its Applications, 2013, 392(2): 392-399.

[75] LAKOUARI N, BENTALEB K, EZ-ZAHRAOUY H, et al. Correlation velocities in heterogeneous bidirectional cellular automata traffic flow[J]. Physica A: Statistical Mechanics and its Applications, 2015, 439: 132-141.

[76] 施佳呈,吴戈,俄文娟. 区域交叉口交通拥堵传播规律挖掘方法研究[J].

河北工业科技,2020,37(3):170-177.

[77] LI Y,LIU Y L,ZOU K. Research on the Critical Value of Traffic Congestion Propagation Based on Coordination Game[J]. Procedia Engineering,2016,137:754-761.

[78] SAEEDMANESH M,GEROLIMINIS N. Dynamic clustering and propagation of congestion in heterogeneously congested urban traffic networks[J]. Transportation Research Part B:Methodological,2017,105:193-211.

[79] REMPE F,HUBER G,BOGENBERGER K. Spatio-Temporal Congestion Patterns in Urban Traffic Networks[J]. Transportation Research Procedia,2016,15:513-524.

[80] SALMAN S,ALASWAD S. Alleviating road network congestion:Traffic pattern optimization using Markov chain traffic assignment[J]. Computers & Operations Research,2018,99:191-205.

[81] KOHAN M,ALE J M. Discovering traffic congestion through traffic flow patterns generated by moving object trajectories[J]. Computers,Environment and Urban Systems,2020,80:101426.

[82] ZHAO P J,HU H Y. Geographical patterns of traffic congestion in growing megacities:Big data analytics from Beijing[J]. Cities,2019,92:164-174.

[83] AHMED F,HAWAS Y E. An integrated real-time traffic signal system for transit signal priority,incident detection and congestion management[J]. Transportation Research Part C:Emerging Technologies,2015,60:52-76.

[84] ARAGHI S,KHOSRAVI A,CREIGHTON D. Intelligent cuckoo search optimized traffic signal controllers for multi-intersection network[J]. Expert Systems with Applications,2015,42(9):4422-4431.

[85] KUMARAN S K,MOHAPATRA S,DOGRA D P,et al. Computer Vision-guided Intelligent Traffic Signaling for Isolated Intersections[J]. Expert Systems with Applications,2019,134:267-278.

[86] 曲大义,周警春,杨晶茹,等.绿波协调下公交车辆在交叉口的延误影响分析[J].山东科技大学学报(自然科学版),2019,38(6):98-104.

[87] 马晶晶,王健,周立平,等.基于反馈门信号控制系统的南宁市交通治堵方

法[J].交通与运输,2020,36(2):11-14.

[88] JOVANOVIC A,NIKOLIC M,TEODOROVIC D. Area-wide urban traffic control:A Bee Colony Optimization approach[J]. Transportation Research Part C: Emerging Technologies,2017,77:329-350.

[89] FERREIRA N,POCO J,VO H T. Visual exploration of Big Spatio-Temporal Urban Data:A Study of New York City Taxi Trips[J]. IEEE transactions on visualization and computer graphics,2013,19(12):2149-2158.

[90] HE Z B,ZHENG L,CHEN P,et al. Mapping to Cells:A Simple Method to Extract Traffic Dynamics from Probe Vehicle Data[J]. Computer-Aided Civil and Infrastructure Engineering,2017,32(3):252-267.

[91] GONG K,WANG Y,XU M Z,et al. BSSReduce an $O(|U|)$ Incremental Feature Selection Approach for Large-Scale and High-Dimensional Data[J]. IEEE Transactions on Fuzzy Systems,2018,26(6):3356-3367.

[92] YANG Y Y,CHEN D G,WANG H. Incremental Perspective for Feature Selection Based on Fuzzy Rough Sets[J]. IEEE Transactions on Fuzzy Systems, 2017,26(3):1257-1273.

[93] LI F C,ZHANG Z,JIN C X. Feature selection with partition differentiation entropy for large-scale data sets[J]. Information Sciences,2016,329:690-700.

[94] DAI J H,HU Q H,HU H,et al. Neighbor Inconsistent Pair Selection for Attribute Reduction by Rough Set Approach[J]. IEEE Transactions on Fuzzy Systems,2017,26(2):937-950.

[95] THUY N N,WONGTHANAVASU S. On reduction of attributes in inconsistent decision tables based on information entropies and stripped quotient sets [J]. Expert Systems with Applications,2019,137:308-323.

[96] RAZA M S,QAMAR U. An incremental dependency calculation technique for feature selection using rough sets[J]. Information Sciences,2016,343(344): 41-65.

[97] GONG K,XIAO Z,ZHANG X. The bijective soft set with its operations [J]. Computers & Mathematics with Applications,2010,60(8):2270-2278.

[98] VAZIFEH M M,ZHANG H M,SANTI P,et al. Optimizing the deployment of

electric vehicle charging stations using pervasive mobility data[J]. Transportation Research Part A:Policy and Practice,2019,121:75-91.

[99] LUO L Z,GU W,WU Z,et al. Joint planning of distributed generation and electric vehicle charging stations considering real-time charging navigation [J]. Applied Energy,2019,242:1274-1284.

[100] LIU H M,YIN W Q,YUAN X L,et al. Reserving Charging Decision-Making Model and Route Plan for Electric Vehicles Considering Information of Traffic and Charging Station[J]. Sustainability,2018,10(5):1324.

[101] ROSENTHAL R W. A Class of Games Possessing Pure-Strategy Nash Equilibria[J]. International Journal of Game Theory,1973,2(1):65-67.

[102] MILCHTAICH I. Congestion Games with Player-Specific Payoff Functions [J]. Games and Economic Behavior,1996,13(1):111-124.

[103] JOHARI R,TSITSIKLIS J N. Network Resource Allocation and A Congestion Game:the single link case[C]//42nd. IEEE Conference on Decision and Control(IEEE Cat. No. 03CH37475). IEEE,2003,3:2112-2117.

[104] TRAN T X,POMPILI D. Joint Task Offloading and Resource Allocation for Multi-Server Mobile-Edge Computing Networks[J]. IEEE Transactions on Vehicular Technology,2018,68(1):856-868.

[105] BAO Y,XIAO F,GAO Z H,et al. Investigation of the traffic congestion during public holiday and the impact of the toll-exemption policy[J]. Transportation Research Part B:Methodological,2017,104:58-81.

[106] ZHAO P J,HU H Y. Geographical patterns of traffic congestion in growing megacities:Big data analytics from Beijing[J]. Cities,2019,92:164-174.

[107] XIONG Y H,GAN J R,AN B,et al. Optimal Electric Vehicle Fast Charging Station Placement Based on Game Theoretical Framework[J]. IEEE transactions on intelligent transportation systems,2017,19(8):2493-2504.

[108] ZHANG Z H,WANG Y P,CHEN P,et al. Probe data-driven travel time forecasting for urban expressways by matching similar spatiotemporal traffic patterns[J]. Transportation Research Part C:Emerging Technologies,2017,85:476-493.

[109] ZHANG Z C,LI M,LIN X,et al. Multistep speed prediction on traffic networks:A deep learning approach considering spatio-temporal dependencies[J]. Transportation Research Part C:Emerging Technologies,2019,105:297-322.

[110] HABTEMICHAEL F G, CETIN M. Short-term traffic flow rate forecasting based on identifying similar traffic patterns[J]. Transportation Research Part C:Emerging Technologies,2016,66:61-78.

[111] YUAN J,ZHENG Y,XIE X,et al. T-Drive:Enhancing Driving Directions with Taxi Drivers' Intelligence[J]. IEEE Transactions on Knowledge and Data Engineering,2011,25(1):220-232.

[112] WEN T H,PEI-CHUN LAI P C. Understanding the topological characteristics and flow complexity of urban traffic congestion[J]. Physica A:Statistical Mechanics and its Applications,2017,473:166-177.

[113] 孙秋霞,孙一心,赵术兰. 基于 TPI 数据的交通拥堵状况时空特征分析——以青岛市为例[J]. 山东科技大学学报(自然科学版),2018,37(5):88-96.

[114] GUO Y J,YANG L C,HAO S X,et al. Dynamic identification of urban traffic congestion warning communities in heterogeneous networks[J]. Physica A:Statistical Mechanics and its Applications,2019,522:98-111.

[115] 胡文燕,李梦雅,王军,等. 暴雨内涝影响下的城市道路交通拥挤特征识别[J]. 地理科学进展,2018,37(6):772-780.

[116] BAO Y,XIAO F,GAO Z H,et al. Investigation of the traffic congestion during public holiday and the impact of the toll-exemption policy[J]. Transportation Research Part B:Methodological,2017,104:58-81.

[117] 杨海强,安实,王健. 基于 GPS 数据的城市常发性拥堵区域识别方法[J]. 科学技术与工程,2018,18(13):156-160.

[118] ZHAO P J,HU H Y. Geographical patterns of traffic congestion in growing megacities:Big data analytics from Beijing[J]. Cities,2019,92:164-174.

[119] 陈宏飞,张心萍,赵艳慧,等. 基于微博的西安市交通拥堵状况时空分布研究[J]. 陕西师范大学学报(自然科学版),2015,43(6):83-88.

[120] ZHANG L M,ZENG G W,LI D Q,et al. Scale-free resilience of real traffic

jams [J]. Proceedings of the National Academy of Sciences, 2019, 116(18): 8673-8678.

[121] TREIBER M, KESTING A. Validation of traffic flow models with respect to the spatiotemporal evolution of congested traffic patterns[J]. Transportation Research Part C: Emerging Technologies, 2012, 21(1): 31-41.

[122] RONG Y U, WANG G X, ZHENG J Y, et al. Urban Road Traffic Condition Pattern Recognition Based on Support Vector Machine[J]. Journal of Transportation Systems Engineering and Information Technology, 2013, 13(1): 130-136.

[123] PAN Y J, CHEN S Y, NIU S F, et al. Investigating the impacts of built environment on traffic states incorporating spatial heterogeneity[J]. Journal of Transport Geography, 2020, 83: 102663.

[124] MA X L, DAI Z, HE Z B, et al. Learning Traffic as Images: A Deep Convolution Neural Network for Large-scale Transportation Network Speed Prediction [J]. Sensors, 2017, 17(4): 818-827.

[125] YU H Y, WU Z H, WANG S Q, et al. Spatiotemporal Recurrent Convolutional Networks for Traffic Prediction in Transportation Networks[J]. Sensors, 2017, 17(7): 1501.

[126] LAN Z Q, HE C M, CAI M. Urban road traffic noise spatiotemporal distribution mapping using multisource data[J]. Transportation Research Part D: Transport and Environment, 2020, 82: 102323.

[127] GONG K, ZHANG L, NI D, et al. An Expert System to Discover Key Congestion Points for Urban Traffic[J]. Expert Systems with Applications, 2020, 158: 113544.

[128] LI Y N, XIAO J L. Traffic peak period detection using traffic index cloud maps[J]. Physica A: Statistical Mechanics and its Applications, 2020, 553: 124277.

[129] NIKMEHR G, SALEHI M, JALILI M. TSS: Temporal similarity search measure for heterogeneous information networks[J]. Physica A: Statistical Mechanics and its Applications, 2019, 524: 696-707.

[130] XU J P,ZHONG L,YAO L M,et al. An interval type-2 fuzzy analysis towards electric vehicle charging station allocation from a sustainable perspective[J]. Sustainable Cities and Society,2018,40:335-351.

[131] 林雄斌,杨家文. 城市交通拥堵特征与治理策略的多维度综合评述[J]. 综合运输,2015,37(8):55-61.

[132] Matthew Barth, Kanok Boriboonsomsin, 邵玲. 交通拥堵与温室气体排放[J]. 城市交通,2012,10(1):89-94.

[133] 王志高,王江燕,何东全. 公交优先政策对 CO_2 排放的影响评估[J]. 城市交通,2011,9(4):12-20+60.

[134] 李宾,周俊. 交通拥堵的碳排放效应:以湘潭市大桥饭店路口为例[J]. 城市问题,2017(6):46-51.

[135] 邹刚涛,刘翀昊,陆键,等. 城市客运交通碳排放模型及场景分析[J]. 现代交通技术,2017,14(1):79-84.

[136] 王靖添,马晓明. 低碳交通研究进展与启示[J]. 生态经济,2021,37(5):57-64.

[137] TALBI B. CO_2 emissions reduction in road transport sector in Tunisia [J]. Renewable and Sustainable Energy Reviews,2017,69:232-238.

[138] XU B,LIN B Q. Differences in regional emissions in China's transport sector:Determinants and reduction strategies [J]. Energy,2016,95:459-470.

[139] LIN B Q,XIE C P. Reduction potential of CO_2 emissions in China's transport industry[J]. Renewable and Sustainable Energy Reviews,2014,33:689-700.

[140] 李振宇,廖凯,崔占伟,等. 缓解城市交通拥堵的 CO_2 减排效益评估方法研究[J]. 交通运输系统工程与信息,2020,20(2):8-12+19.

[141] 吕有金,孔令池,李言. 中国城镇化与生态环境耦合协调度测度[J]. 城市问题,2019(12):13-22.

[142] ALRAWI F. The importance of intelligent transport systems in the preservation of the environment and reduction of harmful gases[J]. Transportation Research Procedia,2017,24:197-203.

[143] CHEYNE C,IMRAN M. Shared transport:Reducing energy demand and enhancing transport options for residents of small towns[J]. Energy Research &

Social Science,2016,18:139-150.

[144] ROSQVIST L S,HISELIUS L W. Online shopping habits and the potential for reductions in carbon dioxide emissions from passenger transport[J]. Journal of Cleaner Production,2016,131:163-169.

[145] DE GENNARO M,PAFFUMI E,MARTINI G. Big data for supporting lowcarbon road transport policies in Europe:Applications,challenges and opportunities[J]. Big Data Research,2016,6:11-25.

[146] TSAO Y C,LINH V T. Seaport-dry port network design considering multimodal transport and carbon emissions[J]. Journal of Cleaner Production,2018,199:481-492.

[147] MILCHTAICH I. Congestion Games with Player-Specific Payoff Functions [J]. Games and Economic Behavior,1996,13(1):111-124.

[148] FOTAKIS D,Kaporis A C. ,SPIRAKIS P G. Atomic Congestion Games:Fast, Myopic and Concurrent[J]. Theory of Computing Systems,2010,47(1): 38-59.

[149] PENN M,POLUKAROV M,TENNENHOLTZ M. Asynchronous Congestion Games[M]// Graph Theory,Computational Intelligence and Thought. Springer,Berlin,Heidelberg,2009:41-53.

[150] DOV M L S,SHAPLEY,LLOYD,SHAPLEY. Potential Games[J]. Games and Economic Behavior,1996,14:124-143.

[151] BHAT T G,JHA P,RAMAN B. Representation learning using step-based deep multi-modal autoencoders[J]. Pattern Recognition,2019,95:12-23.

[152] CHOROWSKI J,WEISS R J,BENGIO S,et al. Unsupervised Speech Representation Learning Using WaveNet Autoencoders[J]. IEEE/ACM Transactions on Audio,Speech,and Language Processing,2019,27(12):2041-2053.

[153] TANG C,BIAN M R,LIU X W,et al. Unsupervised feature selection via latent representation learning and manifold regularization[J]. Neural Networks,2019,117:163-178.